Thilo Seck

Electronic Banking für Privatkunden und Chipkarte

Gegenwärtiger Stand der Entwicklung

Thilo Seck

Electronic Banking für Privatkunden und Chipkarte

Gegenwärtiger Stand der Entwicklung

Bibliografische Information der Deutschen Nationalbibliothek:

Bibliografische Information der Deutschen Nationalbibliothek: Die Deutsche
Bibliothek verzeichnet diese Publikation in der Deutschen Nationalbibliografie;
detaillierte bibliografische Daten sind im Internet über http://dnb.d-nb.de/ abrufbar.

Copyright © 1996 Diplomica Verlag GmbH
Druck und Bindung: Books on Demand GmbH, Norderstedt Germany
ISBN: 978-3-8386-3776-1

http://www.diplom.de/e-book/219459/electronic-banking-fuer-privatkunden-und-
chipkarte

Thilo Seck

Electronic Banking für Privatkunden und Chipkarte
Gegenwärtiger Stand der Entwicklung

Diplomarbeit
an der Universität - Gesamthochschule Kassel
Fachbereich Wirtschaftswissenschaften
Institut für Planung und Logistik, Lehrstuhl für Prof. Dr. Richard
Vahrenkamp
September 1996 Abgabe

Diplom.de

Diplomica GmbH
Hermannstal 119k
22119 Hamburg

Fon: 040 / 655 99 20
Fax: 040 / 655 99 222

agentur@diplom.de
www.diplom.de

ID 3776
Seck, Thilo: Electronic Banking für Privatkunden und Chipkarte: Gegenwärtiger Stand der
Entwicklung / Thilo Seck · Hamburg: Diplomica GmbH, 2001
Zugl.: Kassel, Universität · Gesamthochschule, Diplomarbeit, 1996

Diplomica GmbH
http://www.diplom.de, Hamburg 2001
Printed in Germany

B/006/97

INHALTSVERZEICHNIS

Abbildungsverzeichnis

Abkürzungsverzeichnis

Abb.	Abbildung
ADSI	Analog-Display-Service-Interface
AG	Aktiengesellschaft
AZV	Auslandszahlungsverkehr
Btx	Bildschirmtext
bzw.	beziehungsweise
DTA	Datenträgeraustausch
DTB	Deutsche Terminbörse
ec	eurocheque
edc	electronic debit card
EDI	Electronic Data Interchange
EDV	Elektronische Datenverarbeitung
EEPROM	Electrically Erasable Programmable ROM
ELV	Elektronisches Lastschriftverfahren
E-Mail	Electronic Mail
EPS	Electronic Payment Services
f.	folgende
ff.	fortfolgende
FTAM	File Transfer und Management
GAA	Geldausgabeautomat
HBCI	Homebanking Computer Interface
Hg., Hrsg.	Herausgeber
HTTP	Hyper Transfer Protokoll
ID	Identifikation
IETF	Internet Engineering Task Force
IP	Internet Protocol
ISDN	Integrated Service Digital Network
IS	Internet Services
ISO	International Standardisation Organisation
KAD	Kontoauszugsdrucker

KBit	KiloBit
Kfz	Kraftfahrzeug
MFT	Multifunktionsterminal
ÖPNV	Öffentlicher Personennahverkehr
o. S.	ohne Seite
o. V.	ohne Verfasser
PC	Personalcomputer
PIN	Persönliche Identifikationsnummer
POS	Point of Sale
POZ	Point of Sale ohne Zahlungsgarantie
S.	Seite
s.	siehe
SB	Selbstbedienung
SET	Secure Electronic Transaction
SFNB	Security First Network Bank
STT	Secure Transaction Technology
S.W.I.F.T.	Society for Worldwide Interbank Financial Telecommunication
TAN	Transaktionsnummer
TCP	Transmission Control Protocol
TV	Television
u. a.	und andere
u. U.	unter Umständen
u. v. m.	und viele mehr
Vgl.	Vergleiche
z. B.	zum Beispiel
WWW	World Wide Web
ZV	Zahlungsverkehr
ZVDFÜ	Zahlungsverkehrdatenfernübertragung
z. Z.	zur Zeit

1 Einleitung

1.1 Einführung in die Thematik

Durch die informationstechnische Entwicklung ist die Anwendung und Diffusion des Electronic-Banking in Deutschland in eine qualitativ neue Phase getreten. Seit Ende der Achtziger Jahre hat die Diffusion in den privatkundenbezogenen Geschäftsbereichen stark zugenommen. Kontoauszugsdrucker und Geldautomaten sind längst schon etabliert.[1]

Obwohl das Dienstleistungsangebot des Electronic-Banking sowohl den Privat- als auch den Firmenkunden zur Verfügung steht, stellt der Privatkunde die Hauptzielgruppe dar.

Zur Zeit müssen sich die Banken mit einer veränderten Marktsituation im Privatkundengeschäft auseinandersetzen. Der Konkurrenzdruck erhöht sich durch die weiter auf den Markt drängenden Non Banks (z. B. Kreditkartenunternehmen) und Near Banks (z. B. Automobilkonzerne). Außerdem kommen immer mehr ausländische Kreditinstitute auf den deutschen Markt.

Auch auf der Seite der Privat- oder Retailkunden hat sich die Situation verändert. Die Nachfrage nach Bankprodukten oder -dienstleistungen hat sich sowohl quantitativ als auch qualitativ verstärkt. Die Marktbedingungen für die Kreditinstitute haben sich durch die Abnahme der Bankloyalität und eine zunehmende Autonomisierung der Bankkunden verändert.

Für die Kreditinstitute führen diese Veränderungen zu geringeren Wachstumsraten, geringeren Gewinnmargen und steigenden Kosten.[2]

---

[1] Vgl.: Konert, B., Sozio-ökonomische Aspekte, 1993: S. 13
[2] Vgl.: Hünerberg, R., Heise, G. (Hrsg), Multi-Media, 1995: S. 327 f.

Die Kreditinstitute sind dazu gezwungen, auf diese Veränderungen zu reagieren, da es durch den informationstechnischen Fortschritt inzwischen möglich
ist, zwischen räumlich getrennten Computersystemen über entsprechende Te-
lekommunikationseinrichtungen, unabhängig von den Entfernungen und zeitlichen Begrenzungen, Daten auszutauschen.

Die technologischen Trends werden das Bankgeschäft verändern. Bereits
heute werden weltweit mehr PCs als Autos hergestellt. In den USA kommen auf
100 Einwohner 39 PCs, von denen fast 50 Prozent mit einem Modem ausgestattet sind. In Deutschland haben derzeit etwa 22 Prozent der Haushalte einen
PC. Mit einer ähnlichen Entwicklung wie in den USA ist zu rechnen.[3] Dies wird
sich auch auf das Verhalten der Kunden gegenüber den Kreditinstituten auswirken, denn immer mehr Kunden werden die Möglichkeit nutzen, online mit
Ihrem Kreditinstitut zu kommunizieren.

Die Arbeit beschäftigt sich mit dem Thema „Electronic-Banking". Aufgrund der
Komplexität dieses Themas wird dabei nur das Electronic-Banking für Privatkunden beschrieben. Der Schwerpunkt der Arbeit liegt im Aufzeigen der zukünftigen Entwicklung in diesem Segment des Electronic-Banking.

1.2   Aufbau der Arbeit

Im ersten Teil werden die vielfältigen Möglichkeiten des Electronic-Banking für
Privatkunden beschrieben. Dabei wird zunächst der Begriff „Electronic-
Banking" definiert, der in der vorliegenden Arbeit im folgenden verwendet wird.
Darauf folgt eine Beschreibung des Electronic-Banking im Kundenverkehr. An-
schließend wird auf das Electronic-Banking am Kundenstandort eingegangen.
Im Anschluß daran werden die Entwicklungstendenzen des Electronic-Banking
für Privatkunden untersucht, Dabei wird der Schwerpunkt auf die zukünftige

---

[3] Vgl.: Wings, H., Internet Banking, 1996: S. 20

Entwicklung des Internet im Bereich des Electronic-Banking für Privatkunden gelegt. Im Bereich des Internet wurden die Sicherheitsaspekte im Netz besonders stark berücksichtigt, da die Sicherheitsfrage für die zukünftige Nutzung des Internet durch die deutsche Kreditwirtschaft eine zentrale Bedeutung erlangt hat. Abschließend wird auf die Entwicklung der Marktstruktur der Kreditinstitute durch die Beeinflussung des Electronic-Banking eingegangen.

Im zweiten Teil werden in einer empirischen Untersuchung deutsche Kreditinstitute zum gegenwärtigen Stand des Electronic-Banking für Privatkunden befragt. Die Befragung soll Aufschluß über die zukünftige Entwicklung des Electronic-Banking im Bereich des Internet geben. Die gewonnenen Ergebnisse werden mit Literaturaussagen verglichen und die Gründe für diese Ergebnisse werden diskutiert.

Im dritten Teil dieser Arbeit wird das neue Zahlungsmittel der deutschen Kreditwirtschaft, „Chipkarte" oder auch „elektronische Geldbörse" genannt, beschrieben. Dabei wird fast ausschließlich auf die Geldbörsenfunktion der Chipkarte eingegangen. Zunächst wird der Begriff „Chipkarte" definiert. Anschließend wird auf die Gründe für den Einsatz der elektronischen Geldbörse eingegangen, der Systemaufbau sowie die Systemabläufe beschrieben. Darauffolgend werden die technischen Daten der Chipkarte beschrieben. Auch in diesem Teil wird auf die Sicherheitsfrage eingegangen sowie auf die Vor- und Nachteile. Die Einsatzbereiche der Chipkartentechnologie werden kurz berücksichtigt, da sonst der Rahmen dieser Untersuchung überschritten wird. Abschließend erfolgt eine Beschreibung des Chipkarten-Projektes in Ravensburg, das unter dem Namen „GeldKarte" durchgeführt wurde sowie dem britischen Projekt in Swindon, das den Systemnamen „Mondex" trägt.

2 Electronic-Banking

Der Einfluß der Telekommunikation ist gerade im Hinblick auf den Banksektor besonders hoch. Begründen kann man diese Überlegungen dahingehend, daß die hohe Informationsintensität sowohl des Wertschöpfungsprozesses in Banken als auch der erzeugten Produkte im wesentlichen ein Informationssteuerungs - und -verarbeitungsprozeß ist. Von besonderer Bedeutung sind bei vielen bankbetrieblichen Leistungen Vorgänge der Informationsaufnahme, -verarbeitung und -abgabe. Einzelne Dienstleistungen, wie z. B. die Zustellung von Kontoauszügen oder die Übermittlung von Kursinformationen, sind ausschließlich informatorischer Natur. Insbesondere beim Zahlungsverkehr besteht ein wesentlicher Teil der Dienstleistung in der Übertragung und Verarbeitung von Informationen.

Im wesentlichen kommt es beim Geld, der Grundlage des Bankgeschäftes, nicht auf das Physische an, sondern auf die Information, die dieses verkörpert. Da das Geld kaum noch physisch übermittelt wird, bedeutet der Umgang mit Geld letztendlich nichts anderes als den Austausch von Informationen. Daraus wird ersichtlich, warum die Übertragung von Informationen, gerade im Bankensektor, besonders wichtig ist.[4]

2.1 Definition des Begriffs „Electronic-Banking"

Durch die rasante Entwicklung der weltweiten Telekommunikation und der elektronischen Datenverarbeitung hat sich der Alltag des Menschen entschieden verändert. Wer heute mit seiner eurocheque-Karte an den Geldautomaten geht, bedient sich bereits eines Instrumentes des Electronic-Banking.

---

[4] Vgl.: Mahler, A., Telekommunikationsdienste 1994: S. 3 ff

Zunächst ist es wichtig, sich darüber Klarheit zu verschaffen, welcher Gegenstand sich hinter dem Begriff „Electronic-Banking" verbirgt.

Für den Begriff Electronic-Banking gibt es keine einheitliche Definition.

Die Bandbreite der vorzufindenden Abgrenzungen reicht von Definitionen für Electronic-Banking, die alle genannten Bereiche (die gesamte Abwicklung des Bankgeschäftes) mit einbeziehen, bis zu solchen, die nur Anwendungen in der Kunde-Bank-Beziehung als Electronic-Banking verstehen.

In meiner Arbeit sollen unter dem Oberbegriff Electronic-Banking all die Produkte und Dienstleistungen verstanden werden, die die Kunden der Kreditinstitute mit den Mitteln der Datenverarbeitung und der Telekommunikation ohne Einschaltung eines Bankmitarbeiters direkt in Anspruch nehmen können. Dazu zählen auch die an die Kunden weitergegebenen Informationen von externen Informationsanbietern, die zuvor durch die Bank aufbereitet wurden.[5]

Die folgende Übersicht dient zur Systematisierung des Electronic-Banking. Alle Anbieter von elektronischen Finanz- und Bankleistungen werden in dieser Übersicht als "Banken" bezeichnet, auch wenn es sich dabei um sogenannte "Non- und Near-Banken" handelt (vgl. Abb. 1: Systematisierung des Electronic-Banking).

---

[5] Vgl.: Mahler, A., Telekommunikationsdienste,1994: S. 3 ff

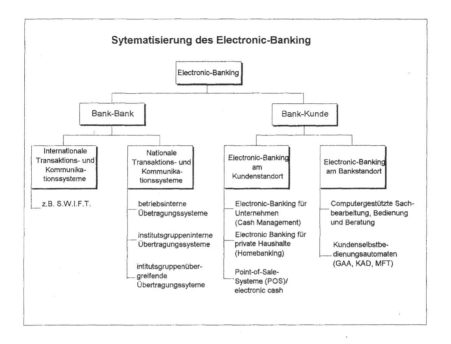

Abbildung 1: Systematisierung des Electronic-Banking

Quelle: Konert, B., Sozio-ökonomische Aspekte, 1993, S. 33

2.2 Electronic-Banking im Kundenverkehr

Seit Beginn der 80er Jahre werden die Electronic-Banking-Systeme sowohl in den Bedienungs- und Beratungszonen der Banken eingesetzt, als auch direkt beim Kunden angeboten.

Die Electronic-Banking-Systeme am Bankenstandort lassen sich in Bedienungs- und Beratungssysteme in den Bankräumen sowie in Selbstbedienung der Kunden an den von den Banken installierten Bankautomaten unterteilen.

2.2.1 Kundenselbstbedienung an Bankautomaten

In den frühen 80er Jahren wurde mit der Automatisierung derjenigen Mengengeschäfte begonnen, die vorher zu den routinemäßigen Schaltertätigkeiten der Kreditinstitute gehörten. Diese Schaltertätigkeiten wurden durch kartengesteuerte Kundenselbstbedienungssysteme wie Kontoauszugsdrucker (KAD), Geldausgabeautomat (GAA) sowie durch Multifunktionsterminals direkt auf den Kunden übertragen.

Die eurocheque-Karten (ec-Karten) und die institutsspezifischen Kundenkarten erhielten Magnetstreifen, auf denen die für eine automatische Abwicklung notwendigen Informationen gespeichert werden.[6]

Die Gesamtzahl der aufgestellten Geldautomaten lag 1994 bei ca. 29.000 in der Bundesrepublik Deutschland[7] und ca. 100.000 europaweit, womit die Geldautomaten nahezu flächendeckend verbreitet sind.

1994 waren ca. 35 Millionen eurocheque-Karten und ca. 15 Millionen Kundenkarten ausgegeben worden.

Neben den Geldautomaten stehen in den Schalterhallen der Kreditinstitute die Kontoauszugsdrucker, von denen 1995 ca. 24.000 allein bei den deutschen Sparkassen aufgestellt waren.[8]

Seit der Erstinstallation von Kunden-Selbstbedienungssystemen Ende der 60er Jahre liegt der funktionale Schwerpunkt bei der Geldausgabe.

Die starke Verbreitung von Geldausgabeautomaten ist vor allem durch eine ständige Verbesserung der Nutzungsmöglichkeiten gefördert worden. Die anfänglichen Sicherheitsrisiken wurden durch die große Verbreitung der ec-Karte verringert, da dadurch die Sicherheitsanforderungen anwuchsen und umgesetzt werden mußten. Durch die eurocheque-Karte wurde außerdem die Kundenakzeptanz hinsichtlich der Selbstbedienungstechnologie verbessert.

---

[6] Z.B. Kontonummer, Bankleitzahl, Nutzungsdaten
[7] Vgl.: Rodewald, B., Neue Entwicklungen, 1995: S. 6
[8] Vgl.: Berndt, H., Elektronisches Geld, 1995: S. 370 f.

Eine weitere Gewöhnung der Kunden an Selbstbedienungssyteme der Banken wird durch die Zunahme von Zahlungen an Händlerterminals (electronic - cash), die durch die 1992 beschlossene Umsetzung eines europaweiten Konzepts (edc = electronic debit card) mit weltweiter Option (Maestro) noch verstärkt wird, stattfinden.

Über sogenannte Mehrfunktionsterminals können nahezu alle Routinegeschäfte ausgeführt werden. Zu diesen sogenannten Routinegeschäften zählen Geldeinzahlungen, Geldauszahlungen, Kontoauszugsdruck, Kontostandsabfragen, Überweisungen, Sparbuchverarbeitung, Ausgabe von Schecks, Formularbestellungen sowie Informationsabfragen über Börsen- und Sortenkurse.[9]

Die Ausstattung dieser Geräte als PC mit Drucker, Geheimzahltastatur, Kartenleser und berührungsempfindlichem Bildschirm bietet sehr vielfältige Möglichkeiten.

Über den Geldautomaten konnte der Kunde auch schon bisher seinen Kontostand abfragen, allerdings nicht in der Form, wie am Mehrfunktionsterminal. Da dieses Terminal über eine höhere Anzeigenkapazität verfügt, kann der Kunde zusätzliche Informationen erhalten. Er kann sich alle seine Girokonten, Sparkonten, Festgelder, Depots und Darlehen mit aktuellen Salden anzeigen und ausdrucken lassen. Bei der Depotabfrage kann der Kunde sich alle seine Wertpapiere anzeigen lassen, die zu den Kursen des Vortages bewertet werden.[10]

Aus betriebswirtschaftlicher Sicht spielen für die Kreditinstitute auch Rentabilitäts- und Rationalisierungsaspekte für die Einführung von SB-Terminals eine wichtige Rolle. Ein wesentlicher Vorteil für die Kreditinstitute liegt zunächst in der rationelleren Abwicklung von Transaktionen, die ansonsten manuell ausgeführt werden müßten, wodurch die Stückkosten des Zahlungsverkehrs gesenkt werden können.

---

[9] Vgl.: Konert, B., Sozio-ökonomische Aspekte, 1993: S. 50
[10] Vgl.: Brunner, W., SB-Konzept, 1995: S. 65

Ein weiterer Vorteil liegt in dem erweiterten zeitlichen Spielraum für die Mitarbeiter der Kreditinstitute, da diese von Routinearbeiten befreit werden. Dadurch können die Mitarbeiter einen Kundenkontakt zu einem Beratungskontakt ausweiten, um Cross-Selling-Möglichkeiten zu nutzen.

Schließlich könnte es möglich sein, die Beratungsgesprächsdauer zu verkürzen, indem die Kunden die Informationsmöglichkeiten an den SB-Terminals im Vorfeld des Gesprächs nutzen, wodurch auch die Beratungsqualität verbessert werden kann.[11]

2.2.1.1 Technische Entwicklung der SB-Automaten

Multifunktionale SB-Automaten als bedienerlose Bank für den Schnellservice gibt es bereits. Als Entwicklungslinie erkennbar ist,

* ab 1996 Ablösung des KAD durch den SB-Drucker

* ab 1997/98 modulares Multifunktionsterminal (MFT) - Office Box.

SB-Drucker dürften mittel- bis langfristig den traditionellen Kontoauszugsdrucker ersetzen. Der SB-Drucker ist eine multifunktionale Druckstation für Kontoauszüge, Wertpapierabrechnungen, Depotauszüge und Kundenmitteilungen. Er dient dem standardisierten Ausdruck von papiergebundenen Mitteilungen aller Art. Sparbuchnachträge oder weitergehende Bankdienstleistungen sind hier nicht möglich.

Multifunktionsterminals der technisch nächsten Generation kann man auch als modular aufgebauten Service Access Point bezeichnen. Ausstattungsmerkmale dieses Automatentyps wie Bildtelefon, CD ROM-Laufwerk oder Grafikdrucker werden bis zum Jahr 2000 zur Selbstverständlichkeit. Mit diesen neuen Auto maten haben die Kreditinstitute die Möglichkeit, auf sich ändernde Marktanforderungen flexibel zu reagieren und während des Automatenbetriebes neue Ap-

---

[11] Vgl.: Waschkowski, H., Künftige Relevanz, 1995: S. 44

plikationen einzustellen (z. B. Weltspartag, Bauspartage). Für diesen Auto-
matentypen werden die hauptsächlichen Anwendungen im Jahr 2000 Routine-
leistungen rund um das Girokonto sein. Standardisierte Aktiv- und Passivprodukte sowie die Möglichkeit der Beraterdurchschaltung per Videotelefon werden bis 2005 von 40 - 60 Prozent aller Multifunktionsterminals möglich sein.[12]

Die folgende Abbildung gibt eine Übersicht über die schon heute vielfältigen
technischen Möglichkeiten von Selbstbedienungs-Terminals, wie sie zukünftig
immer häufiger von den Kreditinstituten eingesetzt werden:

Information/Service	Immobilien	Zusatzleistungen
-Kontoauszug -letzte Transaktion -Steuerquittung -Depotauszug -Dauerauftrag/ Lastschrift -Scheckbestellung -Kreditkartenantrag -von Giro- auf Sparkonto -Mailbox-Nachricht -Beraterangebot	-Maklerdienste -Finanzierung -Ferienhäuser -Fonds-Angebote -Bilder und Video- sequenzen von Häusern und Grundstücken	-Goldkauf -Reiseschecks -Bahn-/Flugtickets -Zugang zu Mietfächern -Telefonieren/Fax -Reisen -Theatertickets -Stellenangebote -Anzeigen -Unterhaltung

Versicherungen	Zahlungsverkehr	Anlageberatung
-Urlaubsreise -Sach/Kfz -Leben -Altersvorsorge -Informationen -Terminvereinbarung für Einzelberatung	- Führen von Giro-/ Scheck- und Sparkonten -Überweisungen -Zahlungsein-/ausgänge -Sorten wechseln -Münzrollenausgabe -Münzeinzahlung	-Geldanlage -Finanzierungspläne -internationale Aktien- und Rentenmärkte -Steuern -Konditionen

Abbildung 2: Technisch möglicher Service von Selbstbedienungs-Terminals in
Kreditinstituten

Quelle: Dürand, D., Henke, R., 1994, S. 108

---

[12] Vgl.: Bartmann, D., Auswirkungen, 1995: o. S.

2.2.2 electronic-cash-Kartenzahlungssysteme

Electronic-cash-Kartenzahlungssysteme haben ihren Anwendungsbereich am Verkaufsort („Point of Sale"). Es handelt sich hierbei um Verbindungen zwischen dem Standort des Händlers und dem des Kreditinstituts zur Abwicklung des elektronischen Bezahlens am Verkaufsort. Für elektronische Zahlungssysteme auf der Basis von international gebräuchlichen Kreditkarten sind, je nach Art der Abwicklung, auch internationale Verbindungen nötig.

In den letzten Jahren weiteten sich die electronic-cash-Zahlungssysteme besonders im Einzelhandel aus. Nach den Tankstellen erkennen nun auch die Einzelhandelsgeschäfte den Vorteil dieser Zahlungssysteme. Das electronic-cash-Zahlungssystem verwendet die Geheimzahl (PIN) zur Identifikation und zur Überprüfung einer aktuellen Sperrdatei. Eine Abfrage des zu prüfenden Limits schließt eine Zahlungsgarantie des entsprechenden Kreditinstituts ein. Ende 1994 gab es mehr als 40.000 Terminals und mehr als 300.000 electronic-cash-Käufe pro Tag.[13] Besonders vorteilhaft ist die Zahlungsgarantie, die von der Kreditwirtschaft als Träger des Systems ausgesprochen wird. Außerdem sind nur electronic-cash-Terminals ohne weitere Anpassung in der Lage, auch ausländische Debitkarten zu akzeptieren.

In Deutschland werden auch edc/Maestro-Transaktionen ausschließlich mit Geheimzahl abgewickelt. Edc/Maestro ist ein weltweiter Debitservice von Europay International. Parallel hierzu haben sich unterschriftsgebundene Kartenzahlungsverfahren, wie das POZ-System (Point of Sale ohne Zahlungsgarantie, aber mit Möglichkeit zur Sperrabfrage) entwickelt. Bei dem Elektronischen Lastschriftverfahren (ELV) besteht für den Händler noch nicht einmal die Möglichkeit zur Sperrabfrage. Daher ist das Einlösungsrisiko für diese Lastschriften noch größer als beim POZ-Verfahren.

---

[13] Vgl.: Cimiotti, G., Chips, 1995: S. 62

2.3 Electronic-Banking am Kundenstandort

In der aktuellsten, sich schnell entwickelnden Sparte des Electronic-Banking werden elektronische Bank- und Finanzdienstleistungen direkt am Kunden-standort angeboten. Die zentralen Schwerpunkte bieten hier die T-Online Sy-steme (früher Btx, bzw. Datex-J Systeme) für das Homebanking für Privatkun-den sowie seit kurzem Homebanking über Internet, die Cash-Management-Systeme speziell für Unternehmen und die Point of Sale bzw. electronic-cash-Kartenzahlungssysteme im Handelsbereich (s. Punkt. 2.2.2).

2.3.1 Electronic-Banking für Privatkunden

Mit einem Modem kann heute jeder seinem PC Zugang zu den Rechenzentren der Kreditinstitute verschaffen, vorausgesetzt, er hat mit seinem Kreditinstitut einen entsprechenden Vertrag abgeschlossen.
Diese moderne Art der Kontoführung bezeichnet man als Homebanking. Ho-mebanking bedeutet die Übertragung von finanziellen Transaktionen mittels Telekommunikations-Diensten zwischen dem Standort des Privatkunden und des Kreditinstituts. Homebanking ist ein weit gefaßter Begriff und umfaßt neben diesen Transaktionsdienstleistungen auch alle automatisierten Informations-dienstleistungen, die dem jeweiligen Privatkunden an seinem Standort zur Verfügung gestellt werden können.
Die Angebote dieser Electronic-Banking Anwendung kann neben der Konto-verwaltung und der Zahlungsverkehrsabwicklung die Depotverwaltung, das Effektengeschäft sowie Informations- und Vermittlungsdienste umfassen.
Darüber hinaus werden oft zusätzliche Dienstleistungen angeboten. Es gibt beispielsweise Programme, die den Zugang zu sämtlichen anderen Leistungen im T-Online System der Deutschen Telekom eröffnen (z.B gateway 24 der Bank 24, ZV.light der Sparkassen).[14]

---

[14] Vgl.: o. V., "Bank 24", Informationsbroschüre, 1995; o. S.,
"Holen Sie sich Ihre Sparkasse ins Haus", Informationsbroschüre, 1996, o. S.

2.3.1.1 T-Online

In Deutschland ist die zur Zeit am weitesten verbreitete Form des Homebanking der T-Online - Dienst der Deutschen Telekom AG. T-Online ist ein Datenfernmeldenetz, das ausschließlich für die Übertragung von Computerdaten eingerichtet wurde. Bei der Deutschen Telekom AG sind derzeit mehr als 1,1 Millionen T-Online-Benutzer registriert und es kommen ca. 25.000 - 30.000 neue Nutzer monatlich hinzu.[15]

Insgesamt werden rund 1,4 Millionen Girokonten bei über 3.000 Kreditinstituten über T-Online geführt.[16]

Um am T-Online Homebanking teilnehmen zu können, wird neben einem PC (oder einem Fernseher mit speziellem Zusatzgerät) und einem Telefonanschluß, ein Modem und eine Zugangskennung benötigt.

Außerdem benötigt man einen speziellen Decoder, der die Töne, die mit Hilfe des T-Online-Netzes übermittelt werden, in verständliche Daten umwandelt, um Zugang zum T-Online-Netz zu erhalten.[17]

Vom PC aus können die Geldgeschäfte erlediget werden, wenn man ein Terminalprogramm für den Zugang zu den T-Online-Diensten der Kreditinstitute (z.B. ZV-light 2.0. der Sparkassen) besitzt. Außerdem muß bei der Telekom eine zwölfstellige Anschlußkennung beantragt werden, die den Zugang zu den T-Online-Diensten erst möglich macht.

Zur Verdeutlichung der Funktionsweise des Btx/T-Online-Sytems dient die folgende Abbildung.

---

[15] Vgl.: Gelbe Beilage, Volksbanken Raiffeisenbanken, 1996: o. S.
[16] Vgl.: Styppa, R., Herold, K., Deutsche Kreditinstitute, 1996: S. 186
[17] Vgl.: Böhmer, S., 1994, Teil 1, S. 21 f.

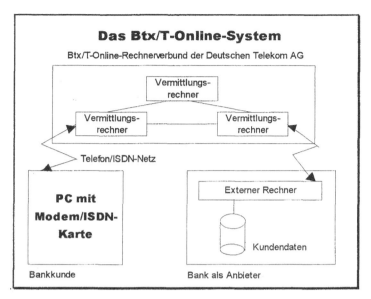

Abbildung 3: Das Btx/T-Online-System

Quelle: gelbe Beilage, Volksbanken, Raiffeisenbanken

Neben der Hardware wird ferner zum Betreiben des Homebankings auch die entsprechende Software benötigt. Je nach Anspruch des Kunden steht ein großes Softwareangebot zur Verfügung, das sich in drei Kategorien unterteilen läßt:

- T-Online-Dekoder:

  Durch diesen Dekoder wird der automatische oder manuelle Zugang zu T-Online oder zum Internet ermöglicht. Vom Kunden kann manuell der Abruf von Kontoinformationen sowie die Übermittlung von Überweisungen und Lastschriften durchgeführt werden.

- Von den Kreditinstituten zur Verfügung gestellte Software:

  Diese Programme nutzen in der Regel eine vom zentralen Kreditausschuß definierte Schnittstelle zur Übertragung der Daten im T-Online. Für den Kunden haben diese Programme den Vorteil, daß sie auch andere Übertragungsformen beherrschen, wie z. B. Datenträgeraustausch per Diskette

(DTA), Zahlungsverkehrsdatenfernübertragung (ZVDFÜ), Filetransfer und Management (FTAM) oder Auslandszahlungsverkehr (AZV).

- Auf dem Markt erhältliche Zahlungsverkehrs-Software:

Diese Programme sind häufig auf die Finanzverwaltung ausgerichtet, bei der die Übertragung von Zahlungsverkehrsdaten nachrangig ist. Zu diesen Programmen gehört z. B. Quicken 4.0.

Bei den Kreditinstituten gibt es auch geschlossene Systeme, bei denen der Kunde die Anschlußkennung direkt vom Kreditinstitut erhält. Allerdings erhält man dann auch nur Zugriff auf die speziellen Seiten des jeweiligen Kreditinstituts.

Abgesichert wird die Online-Verbindung mit der Bank über eine fünfstellige PIN (Persönliche Identifikationsnummer), die eine beliebig veränderbare Nummernfolge oder ein Paßwort sein kann sowie über eine TAN (Transaktionsnummer), die bei Beginn einer jeglichen Transaktion angegeben werden muß. Jede TAN (der Kunde erhält eine Liste mit ca. 50-100 verschiedenen Transaktionsnummern), kann aus Sicherheitsgründen nur einmal verwendet werden. Sind die TAN verbraucht, erhält der Kunde automatisch von seiner Bank neue TAN. Die TAN dient als Ersatz für die herkömmliche Unterschrift im beleggebundenen Zahlungsverkehr.[18]

2.3.1.2 Elektronische Informationsdienste

Weiterhin stellt die papiergebundene Kommunikation, wie z. B. Broschüren, Magazine und Zeitschriften den hauptsächlichen Informationskanal für den Kunden dar.

Im Bankenbereich werden diese Informationen vielfach kostenlos verteilt. Auf elektronischem Weg wird der Markt in Deutschland hauptsächlich über T-Online bedient (siehe Pkt. 2.3.1.1).

---

[18] Vgl.: Böhmer, S., Böhmer, M., Der PC, 1994

Für den heutigen Kunden sind qualitativ hochwertige Informationen die wichtigste Voraussetzung, um seine Bankgeschäfte erfolgreich abwickeln zu können. Dabei steht dem Kunden ein breites Spektrum zur Informationsbeschaffung zur Verfügung.

Viele an den neuen Medien interessierte Kunden gehen dazu über, begünstigt durch den Preisverfall auf dem PC-Markt sowie durch die vorhandenen innovativen Kommunikationskanäle und -techniken, sich Informationen mit Hilfe ihres PC zu beschaffen. Diese Informationen können z. B. Realtimekurse, Charts und Wirtschaftsnachrichten sein.

Eine Vorreiterrolle hat in diesem Zusammenhang der Bildschirmtext (heute T-Online) gespielt, vor allem im Bereich der elektronischen Kontoführung und Informationsbeschaffung.

Durch das mittlerweile umfangreiche Angebot an Wertpapierinformationen im Bereich des Videotextes besteht eine weitere Möglichkeit, sich geeignete Kurs- und Wirtschaftsdaten zu beschaffen. Im Videotext erscheint neben den aktuellen Nachrichten das komplette Kursangebot der deutschen Wertpapierbörsen, teilweise auch in Echtzeit. Dieser Dienst ist kostenlos, abgesehen von den Rundfunkgebühren.

Eine weitere Innovation im Bereich der Datenkommunikation ist der Channel Videodat. Bei dieser Form der Datenübermittlung wird die Computerwelt mit der Fernsehwelt verknüpft. Dieser Dienst war weltweit der erste im Fernsehen, der Computer mit Daten versorgen konnte. Der Transport der zu übertragenden Informationen und Programme erfolgt als Anhängsel auf dem Videosignal des Fernsehsenders VOX. Um dieses System nutzen zu können, benötigt man einen speziellen Decoder und Empfangssoftware. Jeder, der den Fernsehsender VOX empfangen kann, kann diesen Dienst nutzen. Die Übertragung der Daten erfolgt via Satellit. Unter anderem stehen im Channel Videodat Realtimekurse des IBIS-Handels, der Frankfurter Wertpapierbörse und der DTB zur Verfügung.

Auf dem Gebiet der professionellen Mailboxen ist Compuserve der weltweit größte Anbieter. Außer der Möglichkeit Electronic Mail zu praktizieren, bietet dieser Dienst ein fast unbegrenztes Angebot an Informationen. Privatanleger sind mit Hilfe dieses Dienstes in der Lage, sehr schnell relevante Informationen für z. B. Börsentransaktionen zu erhalten und diese in ihrem Computer abzuspeichern. Compuserve und andere professionelle Datenbankanbieter bieten Informationen über die Kursentwicklungen an den weltweit wichtigsten Börsen an. Außerdem kann man sich über wirtschaftliche, politische und zeitgeschichtliche Themen informieren.

2.3.2 Beratung am Bildschirm via Netz

Auf 100 Kundenkontakte innerhalb der Kundenräume der Kreditinstitute entfallen lediglich 4,4% auf Beratungsfälle. Damit müssen die Kreditinstitute verstärkt auf die Beratung ihrer Kunden achten. Ein Instrument dazu ist das Videobanking. Es eignet sich dazu, auch in kleinen Zweigstellen eine hohe Beratungsqualität zu gewährleisten. Diese Beratungsform kann an einem Selbstbedienungsterminal oder vom Haus des Kunden aus erfolgen. Technisch wird sie in einigen Jahren kein Problem mehr darstellen, da der Fernseher sich zunehmend zu einem multimedialen Gerät entwickelt, das auch Videokameras integrieren wird. Daher könnten Beratungsgespräche in Zukunft häufig auch im Wohnzimmer des Kunden stattfinden.

Diese Entwicklung wird für die Kreditinstitute aber auch Probleme mit sich bringen. Der Kunde erwartet nämlich eine kostenlose Beratung, die von den Kreditinstituten auf Dauer so wohl nicht mehr durchgeführt werden wird, da die technischen Neuerungen auch zusätzliche hohe Kosten verursachen werden.

Ein weiteres Problem werden die Arbeitszeitregelungen für die Berater sein, denn größere Anschaffungen, wie die eines Autos, werden häufig am Wochenende oder aber in den Abendstunden geplant. Man kann davon ausgehen, daß die Kunden die Finanzierungsfragen zu diesem Zeitpunkt geklärt haben möchten. Daher werden entweder neue Arbeitszeitregelungen oder aber virtuelle Berater notwendig sein.

Resultieren kann diese Notwendigkeit allein schon aus dem Grund, daß Kreditinstitute anderer Länder die Zeitunterschiede oder ihre unterschiedlichen Arbeitszeitregelungen nutzen, um ihre Beratungsleistungen via Internet anzubieten (siehe Pkt. 2.4.1).[19]

2.4 Entwicklungstendenzen des Electronic-Banking für Privatkunden

Die Nutzung des Homebankings im Bereich der Privatkunden ist hinter den Erwartungen zurückgeblieben. Für die Zukunft erwarten die Kreditinstitute eine höhere Nutzung im Privatkundenbereich. Die Kreditinstitute schätzen die Bedeutung des Electronic-Banking im Privatkundenbereich als besonders hoch ein. Zurückzuführen ist diese Einschätzung auf den vermehrten Einsatz von PCs im Bereich der privaten Haushalte sowie im Beruf und die damit allgemein gestiegene Technikakzeptanz.[20]

Heute verfügen bereits 30% der Haushalte über einen PC, im Jahre 2000 werden es etwa 50% sein und im Jahre 2010 werden es etwa 80% der deutschen Haushalte sein.[21]

Das Bildschirmtelefon wird der nächste logische Schritt beim Homebanking sein. Mit einem implementierten Analog-Display-Service-Interface (ADSI) kann der Benutzer auch auf andere Dienste zugreifen. Für das Bildschirmtelefon sprechen die niedrigen Anschaffungskosten (unter 300 DM), die Vertrautheit

---

[19]Vgl.: Ambros, H., Virtual Reality, 1996: S. 106
[20] Vgl.: Fuhrberg, K., Sicherheit, 1996: S.33
[21] Vgl.: Bundesverband der Deutschen Volksbanken und Raiffeisenbanken e.V. (Hrsg.), o. J., o. S.

mit dem Telefon und die flexiblen Kombinationsmöglichkeiten mit den anderen Homebanking-Varianten.[22]

Es gibt aber auch Kreditinstitute, die das Selbstbedienungs-Banking der Kunden am Automaten als tragende Elemente des Electronic-Banking sehen. So glaubt die Deutsche Bank, daß im Jahr 2000 mindestens 80% der Dienstleistungen im Privatkundengeschäft automatisiert abgewickelt werden.[23] Durch diese Überlegungen wird aber eher die These unterstützt, daß langfristig betrachtet das SB-Banking heutiger Form vom Homebanking in eine Nische gedrängt wird.

So wird sich der SB Automat zu einer multimedialen Kommunikationsbox entwickeln, die durch den Kunden durch das Einführen einer Chipkarte so personalisiert wird, als ob er zu Hause vor seinem PC sitzen würde.
In Zukunft wird der Automat die Verschmelzung von PC, Drucker, Fax, Kopierer, Video, Audio, Photo und TV zu einer Standard Business Machine, der sogenannten Office Box sein. Die SB Geräte werden zu in der Fläche verstreuten Service Access Points für PC Banking.[24]

Das Internet wird inzwischen auch von deutschen Banken vermehrt als Medium entdeckt. Nicht nur die großen Banken sind mit ihren Homepages weltweit vertreten, sondern auch kleinere, regional tätige Institute werden im World Wide Web aktiv. Das World Wide Web ist Kommunikationsdrehscheibe, Informationsquelle, Marketinginstrument und Vertriebsmedium. Für die Finanzdienstleistungsbranche ist das WWW ein ideales Werbemedium.[25]

Das Internet wurde von deutschen Banken zuerst dazu benutzt, Informationen über das Kreditinstitut und seine Produkte anzubieten. In einer zweiten Phase konnte der Kunde bereits direkt Kontakt zu seiner Bank aufnehmen und Infor-

---

[22] Vgl.: o. V., „Homebanking bekommt Konturen", 1996: S. 26 f.
[23] Vgl.: Chaouli, M., Dürand, Ums letzte Hemd, 1994, S. 106
[24] Vgl.: Bartmann, D., Home Banking, 1995: S.90 f.
[25] Vgl.: Kaffenberger, T., Neue Chancen, 1996, S. 129

mationsbroschüren bestellen. Dabei hat das Kreditinstitut die Möglichkeit zu kontrollieren, wer und wie lange seine World Wide Web - Seiten betrachtet hat. Dadurch kann erstmals ein aussagekräftiges Controlling der Werbemaßnahmen durchgeführt werden.

Gründe für das zunehmende Engagement sind die wachsenden internationalen Verflechtungen sowie der forcierte Ausbau elektronischer Kommunikationsmöglichkeiten zwischen Kunden und Kreditinstitut. Das Internet hatte im März 1996 ca. 40 Millionen[26] Nutzer in 150 Ländern und hat eine derzeitige Wachstumsrate von ca. 1 Million Nutzern monatlich. Da das Durchschnittsalter der Nutzer in Deutschland unter 30 Jahren liegt, mehr als dreiviertel einen Studienabschluß besitzen und überdurchschnittlich gut verdienen, wird das Internet zunehmend für die Kreditinstitute interessant.[27]

Über das Internet kann der Kunde interaktiven Kontakt zu seiner Bank aufnehmen und beispielsweise den aktuellen Kontostand abrufen, Informationen über die Kursentwicklung an den amerikanischen Börsen beschaffen, seine Order eingeben und sofort seinen neuen Kontostand abfragen.

Inzwischen gibt es auch Kurse von in D-Mark notierten Auslandswerten im Internet. Die Wertpapierhandels- und Börsenmaklergesellschaft stellt aktuelle Preise bereit, so daß Werte aus Australien, China, Japan, Rußland, usw. geliefert werden. Es kommen laufend neue Anbieter hinzu, so daß schon bald eine komplette Kursversorgung deutscher Anbieter über Internet gewährleistet sein wird.[28] Insgesamt stehen über die verschiedenen Börsen damit schon Informationen zu mehr als 10.000 Gattungen von Aktien zur Verfügung.[29]

In Deutschland ist die Sparda Bank Hamburg das erste deutsche Kreditinstitut, das die gesamte Produkt-Palette rund um das Girokonto via Internet anbietet. Das Produkt trägt den Namen Sparda NetBanking und wird durch die neue

---

[26] Vgl.: Styppa, R., Herold, K., Deutsche Kreditinstitute, 1996: S.186
[27] Vgl.: Hies, M., Banken und Multimedia, 1996: S. 25
[28] Vgl.: Birkelbach, J., Aktuelle Kursnotierungen, 1996: S. 40
[29] Vgl.: Birkelbach, J., Cyber Finance, 1996: S. 28

multimediale Finanzsoftware „Sparda-MeWallet" betrieben. Durch den Verzicht auf Transaktionsnummern ist die Handhabung einfach, da über den neuen MeChip (s. Pkt. 2.3.2) andere Sicherheitsmaßnahmen getroffen werden. Diese neue Software arbeitet mit einer bankeigenen Oberfläche, wodurch der Kunde nicht mit einer austauschbaren Oberfläche, sondern mit dem Corporate Design des Kreditinstitutes arbeitet. Der Kunde erhält die Software auf einer CD-ROM oder auf Disketten, wodurch die Kommunikationskosten reduziert werden, da der Kunde offline arbeitet. Nur für kurze Zeit geht er online, z. B. wenn er aktuelle Informationen herunterladen oder Überweisungen verbuchen möchte. Dadurch werden nur wenige Daten übertragen.

Für die Kunden wird diese neue Anwendung kostengünstig, da die Sparda Bank mit dem Internet-Provider „IS Internet Services" zusammenarbeitet. Es werden Netz-Einwahl-Möglichkeiten für die Kunden geschaffen. Genutzt werden kann der Netz-Zugang für zwei Anwendungsbereiche, zum einen für das Sparda NetBanking und zum anderen für das Surfen im IS-Netz. Für den Kunden entstehen nur Telefonkosten zum City-Tarif. Die Web-pages der Bank sind abrufbar unter der Adresse: „http://www.sparda-hh.de".[30]

Ausländische Kreditinstitute nutzen bereits intensiv das Internet. Kreditkartentransaktionen werden oft weltweit über das Internet abgewickelt. So ist z. B. die Bank Austria über das Internet für ihre Kunden erreichbar. Unter der Adresse der Bank http://www.telecom.at/ba wird eine weltweite Verbindung zum Konto des Kunden hergestellt. In Deutschland bedient man sich spezieller Interbanken-Datennetze, um den elektronischen Zahlungsverkehr abzuwickeln. Electronic-Banking und Homebanking werden über T-Online abgewickelt.

---

[30] Vgl.: o. V., Pressemitteilung der Sparda Bank Hamburg, 1996, S. 3 f.

2.4.1 Zukünftige Entwicklung des Internet im Bereich des Electronic-Banking für Privatkunden

Die Bedeutung des Internet für den elektronischen Zahlungsverkehr wird in absehbarer Zeit zunehmen, da der bisher noch nicht ausreichende Sicherheitsgrad verbessert werden wird.

Außerdem wird die Bedeutung anwachsen, da die Banken ihre potentiellen Kunden, nämlich die Internet-Nutzer, zu relativ geringen Kosten erreichen können. Für die Teilnahme am World Wide Web müssen die Banken durchschnittlich 150.000 DM an Fixkosten und 10.000 DM an monatlichen Unterhaltskosten veranschlagen.[31]

Eine Steigerung der Benutzerzahlen ist durch die Liberalisierung der Telekommunikationsmärkte und die darauf zu erwartende Senkung der Telekommunikationskosten sowie die Kapazitätserhöhung der Leitungen anzunehmen.

Standardisierte Aktiv- und Passivprodukte können mit Hilfe von Transaktionssystemen erhebliche Rationalisierungsvorteile verschaffen, die über die Einsparungspotentiale des Electronic-Banking hinausgehen. Die Palette der im Online-Banking angebotenen Produkte kann vom Zahlungsverkehr über die automatische Vergabe von Konsumenten- und Hypothekenkrediten bis zu weniger beratungsintensiven Produkten gehen.

Durch die neuen Formen des Bank-Kunden-Kontaktes, die das Internet ermöglicht, wird die Rolle der Bankfilialen neu definiert, da sie teilweise überflüssig werden und ihre Bedeutung für die Wettbewerbsposition eines Kreditinstituts sinkt. Dies ermöglicht neue Chancen für Kreditinstitute, die einen Mangel an Filialen zu verzeichnen haben, da ihnen durch die neuen Online-Dienste der Aufbau eines eigenständigen und kostengünstigen Vertriebsnetzes ermöglicht wird. Dadurch haben diese Kreditinstitute in Zukunft die Möglichkeit, in direkte Konkurrenz mit den Filialkreditinstituten zu treten.

---

[31] Vgl. Hies, M., Banken und Multimedia, 1996: S. 25

Dies werden vor allem die Sparkassen und die Genossenschaftskreditinstitute verspüren, die ihre hohen Marktanteile ihrer Kundennähe zu verdanken haben, die durch ein flächendeckendes Netz von Zweigstellen geschaffen wurde. In der jetzigen Form werden diese Geschäftsstellennetze langfristig nicht mehr haltbar sein.

Die telekommunikationstechnische Entwicklung zwingt vor allem die Sparkassen und Genossenschaftskreditinstitute zu neuen vertriebspolitischen Überlegungen. Diese Kreditinstitute stehen vor der Aufgabe, globale Trends in lokale Geschäfte umzusetzen.[32]

Das gleiche gilt für Kreditinstitute, deren Filialnetz regionale Lücken aufweist. Diese Kreditinstitute erhalten durch die Online-Dienste die Möglichkeit, ihre Lücken ansatzweise zu stopfen.
Z. B. ist die Vereinsbank-Gruppe im Süden Deutschlands durch die Bayerische Vereinsbank vertreten sowie im Norden durch die Vereins - und Westbank. Dazwischen aber weist das Filialnetz erhebliche Lücken auf. Eine geschickte Kombination von Online-Diensten und wenigen regionalen Beratungszentren könnte diese Lücken schließen.

Zukünftig wird es wichtig sein, die Bankfiliale und die Online-Dienste sinnvoll miteinander zu verknüpfen, so daß sich beide Formen des Bank-Kunden-Kontaktes sinnvoll ergänzen.

Technisch ist schon heute viel machbar, aber nicht realisierbar, da das rasante Tempo der Entwicklung der Informations-, Telekommunikations- und Multimedia-Technologie von den Bankmitarbeitern verlangt, diese Technologien auch zu beherrschen, was in den meisten Fällen nur unzureichend der Fall ist.
Das bedeutet für die Kreditinstitute, daß sie in Kooperation mit den neuen Technologieträgern treten müssen, um sich das entsprechende Know-how zu

---

[32] Vgl.: Ambros, H., Virtual Reality, 1996: S.104 f.

verschaffen, da die elektronischen Netze eine immer wichtigere Stellung bei der Erstellung von Produkten und Dienstleistungen einnehmen. Vorstellbar ist auch, daß die Anbieter elektronischer Dienste Bankdienstleistungen anbieten (z.B. Zahlungsverkehr), bei denen die technische Abwicklung eindeutig im Vordergrund steht, wodurch den Kreditinstituten eine neue Konkurrenz heranwächst.

Es gibt drei Probleme, die z. Z. verhindern, daß die Multimedia-Technologie sich zu einer Massen-Technologie, wie es das Telefon schon heute ist, entwickelt. Der Datenaustausch innerhalb der Multimedia-Technologie ist noch zu teuer, da das Surfen im World Wide Web durchaus mehrere Stunden dauern kann. Die dadurch verursachten Telefonkosten, selbst zum Ortstarif, sind beachtlich. Die Tarifreform der Telekom zum Januar 1996 hat die Situation eher noch verschlechtert. Der Verbindungsaufbau und der Datentransfer benötigen noch zu viel Zeit und die Fehleranfälligkeit ist noch zu groß. Die Liberalisierung der Telekommunikationsmärkte und die Gewinnerwartungen von Online-Produkten werden aber eine zu erwartende Kapazitätserweiterung mit sich bringen.

2.4.2 Die virtuelle Bank

Das Bankgeschäft wird heute durch die moderne Informationstechnologie in einem noch nie dagewesenen Tempo verändert.

Vermutlich wird die Bank der Zukunft nicht so aussehen, wie die zur Zeit gegründeten Direktbanken, die allenfalls eine Zwischenstufe zum Virtual Banking darstellen. Vielmehr wird die Bank der Zukunft ein virtuelles Unternehmen sein, dessen Geschäfte auf einem virtuellen Marktplatz abgewickelt werden. Elementare Antriebskräfte für diese Entwicklung sind die Deregulierung von Märkten, Auflösen von Regionen- und Branchengrenzen und neue informations- und kommunikationstechnische Infrastrukturen. Faktisch sind globale elektronische Märkte bereits heute vorhanden. Um dies zu erreichen, ist zweifelsohne das Internet das ideale Medium.

Den großen Universalbanken mit ausgedehnten Filialnetzen werden weitreichende Veränderungen bevorstehen. Um die moderne Informationstechnologie, effiziente Bankorganisation und neue Kundenbeziehungen miteinander zu vereinen, wurde die virtuelle Bank entwickelt.

Die primäre Zielgruppe einer virtuellen Bank sind die kleinen Filialen, da diese durch eine geringe Fertigungstiefe gekennzeichnet sind. Eine Installation von Multimedia-Kiosken z.B. in Kaufhäusern bietet sich zum Aufbau eines elektronischen Filialsystems an.

Mittlere und große Filialen werden zu Centers of Competence ausgebaut, in denen Fachwissen und Informationstechnologie gebündelt werden.[33]

Der Besuch einer virtuellen Bank ist bereits grenz- und kontinentalüberschreitend möglich. Sieht man einmal von den zur Zeit noch herrschenden Kapazitäts- und Zeitproblemen ab, so bereitet es keine Probleme, über das Internet in die Vereinigten Staaten zu "surfen" und dort das Angebot der First Virtual Bank zu nutzen. Wählt man sich in ihre Internet-Seiten ein, so erscheint eine Kundenhalle, wie sie auch in der Realität vorgefunden werden kann. Doch in dieser Kundenhalle bleibt dem Kunden das Schlangestehen erspart. Er wählt einfach per Mausklick den Schalter an, an dem er die von ihm gewünschten Informationen erhält.[34]

Auch die Security First Network Bank (SFNB) bedient sich mit der Aufnahme ihrer Geschäftstätigkeit im Oktober 1995 ausschließlich des Instrumentes Internet und bietet über dieses Medium einen Vollbankenservice an, der inhaltlich neue Maßstäbe des Internet-Banking setzt. Außerdem werden sämtliche strengen US-amerikanischen Sicherheitsbestimmungen erfüllt. Die Angebotspalette der SFNB umfaßt den Vollservice im Zahlungsverkehr und Kreditgeschäft bis zu Kredit-, Anlage- und Vermögensberatung rund um die Uhr.[35]

---

[33] Vgl.: Gerard, P., Virtuelle Bank, 1995: S. 20 f.
[34] Vgl.: Ambros, H., Virtual Reality, 1996: S.101 f.
[35] Vgl.: Fleischer, K., Vision, 1996: S. 26, o. V., Attacke, 1996: S. 58

Eine englische Bausparkasse bietet den Netzkunden bereits an, sich von einem virtuellen "Mitarbeiter" am virtuellen Bankschalter bedienen zu lassen.

In der virtuellen Bank soll zentrales Expertenwissen in die individuelle Beratung vor Ort eingebunden werden. Dabei müssen die Banken beachten, daß Kundenbindung unter anderem mit dem Image zusammenhängt, was im Zeichen der neuen Informationstechnologien auch mit virtuellem Logo zu tun hat. Die Banken müssen ihr Angebot für persönliches Finanz-Management in ein entsprechendes Umfeld einbetten, das die Interessen der Kunden abdeckt und viele bankeigene Dienste umfaßt, wie z.b. Börsennachrichten und Anlageberatung. Um der virtuellen Bank ein unverwechselbares Image zu verleihen, müssen bei deren Entwicklung verschiedene Kriterien beachtet werden:

- Die Informationen, die über die verfügbaren Online-Dienste vermittelt werden, sollten präzise und eindeutig sein. Für den Kunden sollte es Gründe geben, in diese virtuelle Bank zurückzukehren.

- Für den Anwender sollte es einfach sein, den Service zu nutzen und die gewünschten Informationen zu finden. Das bedeutet, daß der Aufbau logisch sein und eine erkennbare Organisation haben muß.

- Es sollte möglich sein, die Daten im Web für spezielle Berechnungen verwenden zu können.

- Der Anwender sollte die Möglichkeit haben, in den nächsten Bereich überzuwechseln, ohne an den Anfang zurückkehren zu müssen.

- Es sollte einfache und attraktiv gestaltete Möglichkeiten für die Kunden geben, Produkte und Dienstleistungen zu kaufen, beziehungsweise anzufordern und Antworten auf spezielle Fragen zu erhalten.

• Die Grafiken des Layouts sollten gelungen sein und es dem Kunden er-
  leichtern, einen Überblick über den Inhalt zu bekommen.[36]

Zur Zeit werden in den Online-Diensten weitgehend standardisierte Produkte
angeboten, deren Preise sich schnell vergleichen lassen. Der Verband der privaten Bausparkassen zeigt sich hier sehr kundenfreundlich, da geplant ist, die
Tarife der einzelnen Bausparkassen auf den World Wide Web-Seiten des Ver-
bandes darzustellen.
Die zunehmende Transparenz und die geringen Eintrittskosten wirken sich auf
die Kreditinstitute in Form von erhöhtem Wettbewerb und niedrigeren Margen
aus. Nur solche Kreditinstitute werden überleben, die ihre Produkte kostengünstig gestalten oder nicht-standardisierte und damit schwer kopierbare Produkte
anbieten.[37]

2.4.3 Electronic Mall

Ein aktuelles Thema ist der elektronische Handel auf elektronischen Märkten.
Elektronische Marktplätze sind bereits etabliert und werden weiter ausgebaut.
Für viele Unternehmen ist der Austausch von Dokumenten mittels EDI
(Electronic Data Interchange) schon selbstverständlich; wenig berücksichtigt
werden bisher allerdings die privaten Haushalte.
Die Kommunikationstechnik bestimmt zunehmend die Beziehung zwischen den
Finanzdienstleistern und den Kunden.

Es existieren bereits heute elektronische Marktfenster. Ein Beispiel ist die von
CompuServe seit 1993 betriebene Electronic Mall. Weiterhin gibt es händlerei-
gene Informations- und Shopping-Dienste über den WWW-Server. Zugang
erhält der Kunde interaktiv unter einer grafischen Benutzeroberfläche.

---

[36] Vgl.: Reimann, E., 1996: S. 29 f.
[37] Vgl.: Hies, M., Banken und Multimedia, 1996: S. 26 f.

Telebanking ist die mit Abstand am häufigsten genutzte Anwendung von Retailkunden. Die beim Zahlungsverkehr angestrebte Rationalisierung ist bisher aber nur unzureichend erreicht worden.

Der hohe Kostendruck bei den Banken, die technische Ausrüstung der Haushalte sowie deren Akzeptanz gegenüber Anwendungen im Multimedia-Bereich und die ausländische Konkurrenz zwingen zum Handeln.

Einen hohen Grad der Automatisierung hat bereits die Abwicklung von Zahlungstransaktionen zwischen Banken und kommerziellen Unternehmen erreicht. Die Zahlungen, vor allem von größeren Unternehmen, werden häufig über telematische Medien abgewickelt. Zur Abwicklung einer Zahlung werden der Zahlungsauftrag selbst, die Belastungsanzeige für den Auftraggeber sowie die Gutschriftsanzeige für den Empfänger ausgetauscht. Annähernd vollautomatisch wird bereits heute der Interbanken-Zahlungsverkehr abgewickelt.[38]

Im Bereich der Retailkunden wird der Zahlungsverkehr ähnlich wie im kommerziellen Bereich abgewickelt, allerdings noch weitgehend traditionell, d. h. auf Papier basierend. Lediglich im Bereich der Zahlungsauftragsübermittlung werden eine kleine Zahl von Zahlungsaufträgen durch Telebanking-Systeme übermittelt.

Zukünftig könnte es so aussehen, daß ein Konsument durch seine Kaufentscheidung eine elektronische Abwicklung anstößt. Er generiert mit Hilfe seiner Anwendung auf seinem PC eine elektronische Bestellung, die z. B. durch E-Mail dem Anbieter übermittelt wird. Die Bestellung kann vom Anbieter sofort maschinell weiterverarbeitet werden, dem Kunden kann z. B. eine elektronische Mitteilung über die Lieferzeit übermittelt werden. Mit der Auslieferung der Bestellung erhält der Kunde die Rechnung in elektronischer Form in seinem elektronischen Briefkasten. Die Rechnung beinhaltet ein elektronisches Überweisungsformular, das für den Kunden unsichtbar ist, er muß es nur noch elektronisch unterzeichnen. Der Zahlungsauftrag wird nun in die "ausgehende Post " gestellt und in der internen Buchhaltung des Kunden verbucht. Durch

---

[38] Vgl.: Zimmermann, H., Kuhn, C., Electronic Mall, 1995: S. 33 ff.

sein Kreditinstitut erhält der Kunde elektronisch eine Belastungsanzeige für sein Konto, die automatisch lokal weiterverarbeitet werden kann.

Die Multibankfähigkeit einer Electronic Mall ist von großer Bedeutung. Ein Produkt ist dann multibankfähig, wenn es die gleichen funktionalen Eigenschaften und Kern-Typenmerkmale besitzt. Typenmerkmale sind beschreibende Attribute des Produktes. Die Produkte können von den Anbietern um Attribute erweitert werden, um sich von anderen Anbietern zu unterscheiden.

Vorteilhaft ist die Multibankfähigkeit vor allem für solche Kunden, die bei mehreren Kreditinstituten Geschäftsverbindungen unterhalten. Diese Kunden können eine konsolidierte Kontoführung durchführen. Kontodaten können entsprechend analysiert und archiviert werden. Dazu muß jedoch eine definierte Menge von Dienstleistungen, die alle Anbieter standardisiert anbieten, vorausgesetzt werden.[39]

2.4.4 Cyber-Money

Traditionell erfolgte der Zahlungsvorgang durch Bargeld (Banknoten/Münzen) und Buchgeld (Girokonten bei Kreditinstituten). Über Schecks oder Überweisungsträger konnte giral über die Einlagen und eingeräumten Kreditlinien verfügt werden. Seit einiger Zeit werden auch in Deutschland häufig Kreditkarten verwendet, mit denen es möglich ist, Waren und Dienstleistungen zu erwerben, deren Bezahlung aber erst zu einem späteren Zeitpunkt durch Abbuchung vom Girokonto erfolgt.

Es ist schon heute technisch möglich, den Zahlungsvorgang zeitgleich mit dem Kauf abzuwickeln oder ihn sogar noch dem eigentlichen Kauf vorzuziehen. Diese Überlegungen führten zur Entwicklung von debit cards, bei denen Geld in elektronischen Impulsen auf einen Chip geladen wird. Über diese Chipkarten wird aber an anderer Stelle dieser Arbeit noch ausführlich berichtet werden.

---

[39] Vgl.: Zimmermann, H., Kuhn, C., Electronic Mall, 1995: S. 50 ff.

Die Firma First Data ist der größte Kreditkartenabrechner in den USA und kooperiert mit Netscape Communications. Im Angebot haben diese Firmen die Online-Kreditkartenautorisierung. Der Kunde muß nicht mehr über Telefon dem Händler seine Kreditkartennummer mitteilen, sondern überträgt seine Nummer in ein Kreditkartenformular.

Von Mastercard ist in naher Zukunft geplant, einen Zahlungsserver einzurichten. Dadurch wird die Sicherheit des Kunden erhöht, da die Kreditkartenformulare direkt zum Zahlungsserver zum Zweck der Autorisierung geleitet werden, ohne den Händlerserver zu berühren.

Daß sich Kreditkartenorganisationen am Zahlungsverkehr im Internet beteiligen ist naheliegend, da sie über ein weltweit etabliertes Netz von Akzeptanzstellen und Abwicklungsorganisationen verfügen.[40]

Die vorerst letzte Entwicklungsstufe im Zahlungsverkehr ist die Erfindung von cyber money, das losgelöst von jedem Trägermedium in Computernetzen, wie dem Internet, als Zahlungsmittel verwendet werden kann. Kunde und Händler bewegen sich in einem elektronischen Markt. Das cyber money ist in internationalen Computernetzen an keine nationale Währung gebunden. Die Vorreiterrolle dieses neuen Zahlungsmittels spielt zur Zeit die holländische Firma DigiCash[41]. DigiCash entwickelte E-cash, den Elektro-Dollar, der bislang als einzige digitale Währung anonyme Zahlungen möglich macht. Abgesichert ist die Signatur des digitalen Geldscheins über eine Kette, die nicht auf den Ausgebenden zurückgeführt werden kann.[42]

Die Funktionsweise von E-Cash wird zur Verdeutlichung in der folgenden Abbildung dargestellt:

---

[40] Vgl.: Vahrenkamp, R., 1995: S. 9 f.
[41] Borchert, M. Cyber-Money, 1996: S. 41
[42] Vgl.: Borchers, D., Pfennigbeträge, 1995: S. 31

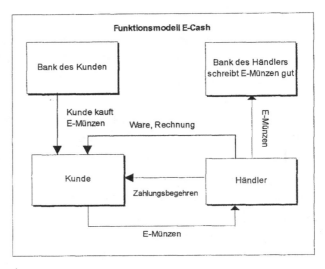

Abbildung 4: Funktionsmodell E- Cash

Quelle: Vahrenkamp, R., dv Management, 1996

Konkurrenten sind zur Zeit die Firma CyberCash, die seit 1995 mit der First National Bank of Omaha und Wells Fargo zusammenarbeitet sowie Electronic Payment Services (EPS).

Die Kreditinstitute stört an E-cash, daß es möglich ist, „Geld zu pressen". Außerdem ist es relativ einfach, Geld zu waschen. Daher wird an einigen Orten mit E-cash-Ergänzungen experimentiert, in denen die Anonymität des Geldes wieder aufgehoben wird. Diese markierte Art des Geldes kann nur an bestimmten Stellen eingesetzt werden, wie z.B. Collegemoney von DigiCash, mit denen Studenten Bücher kaufen, es aber für andere Dinge nicht ausgeben können.

Ab Herbst 1996 dürfen ca. 1.000 Kunden die digitale Währung auch in Deutschland bei einem Kreis von Händlern und Dienstleistern im Internet ausprobieren. Der Höchstbetrag der in wahlweiser Stückelung auf die Festplatte gespeichert werden kann, beträgt 400,- DM. Vorerst kann das Geld aber nur bei der Deutschen Bank wieder in Bargeld umgewandelt werden.[43]

Von E-Cash unterscheidet sich CyberCash durch einen zweigeteilten Ansatz. Zum einen gibt es sogenanntes peer-cash, wie es z.b. in der Kneipe und zwischen Freunden benutzt wird. Daneben gibt es Cybercash Software und Hintergrunddienste. Wer kaufen will, muß vorher ein Cybercash-Konto bei einer Partnerbank eröffnet haben. Wird der „Kaufmich-Button" angeklickt, so öffnet sich ein Formular, auf dem der Kunde seine Angaben eintragen muß. Die Bezahlung wandert verschlüsselt zu einem Cyber-cash-Server, der eine Art PIN anfordert. Abschließend wird die Transaktion in traditioneller Abbuchungsform an die Bank abgesendet. Die Software ist bei Cybercash kostenlos, dafür muß der Käufer für jede Transaktion eine Gebühr entrichten. Es ist dem Käufer nicht möglich, Sammelüberweisungen durchzuführen. Die Händler müssen die Cybercash-Software erwerben und zusätzlich eine Standleitung zum Cybercash-Server finanzieren. Dadurch ist jeder Käufer eindeutig identifizierbar. Cybercash will diese Technik weiter ausbauen, da sie beispielsweise für Garantieleistungen benötigt wird.

Es gibt Zahlungssysteme, die keine Pfennige, aber auch keine größeren Beträge abwickeln. Zu diesem System gehört die Netbank von Software Agents. Hier beträgt die höchste erlaubte Transaktionssumme 100 Dollar. Dieses sogenannte Netcash wurde für Zahlungen über Electronic Mail entwickelt. Im Gegensatz zu Digicash arbeitet Netcash als Einmal-Zahlung und lehnt sich bis hin zur Stückelung eng an den Dollar an. Wechseln 10 Dollar Netcash den Besitzer, dann zieht der Netcash-Server die Geldnummer ein und schreibt dem neuen Besitzer einen neuen „Geldschein" aus. Es wird garantiert, daß sich niemals zwei gleiche Scheine im Umlauf befinden. Die Zahlungsbeträge müssen in diesem System genau stimmen, da es kein Wechselgeld gibt. Dafür ist aber jede beliebige Stückelung vorhanden.

---

[43] Vgl.: o. V., Cybergeld, 1996: S. 140

Sicher werden in Zukunft über das Netz die üblichen Banktransaktionen abgewickelt werden. Es wird keine Schwierigkeit mehr darstellen, die Stückelung
der digitalen Noten in kleinste Beträge durchzuführen sowie es gelingen wird,
einen einheitlichen digitalen Geldstandard im Internet zu realisieren. Die Bezahlung auch kleiner Beträge über Internet ist aber nur dann sinnvoll, wenn der
Kunde sich einfach mit dem Geld versorgen kann und mit einem Arbeitsschritt
der gesamte Regelmechanismus von Geldabbuchung, Authentifizierung und
Auszahlung durchgeführt werden kann.[44]

2.4.5 Sicherheitsaspekte im Netz

Die Anforderungen an die Datenübertragung sind mit denen im normalen Ge-
schäftsverkehr zwischen Bank und Kunden vergleichbar. Auf beiden Seiten will
man sichergehen, daß die Identität des Gegenübers auch wirklich die vorgege-
bene ist.
Um Bankgeschäfte in Zukunft im Internet Online abwickeln zu können, muß die
Sicherheit vor kriminellen Handlungen gewährleistet sein.

Gefährdungen entstehen schon dadurch, daß die Vielzahl neuer Programme,
die für die verschiedenen Zugänge notwendig sind, fehlerhaft konfiguriert sein
können oder Programmierfehler beinhalten.
Eindringlinge mit hohem Kenntnisstand über Fehler in den Programmen können diese ausnutzen.

Die Möglichkeit der weltweiten Kommunikation mit Hilfe eines einheitlichen
Protokolls (TCP/IP) und einer einheitlichen Netzstruktur über das Internet ist
zwar einer der großen Vorteile des Internet, verhindert aber die Einrichtung von
geschlossenen Benutzergruppen, die bei anderen Netzen durch den Glauben
an einen vertrauenswürdigen Netzbetreiber möglich sind. Geschlossene Be-

---

[44] Vgl.: Borchert, M., Cyber-Money, 1996: S. 41 ff.
    Borchers, D., Pfennigbeträge 1995: S. 30 ff.

nutzergruppen sind aber unter bestimmten Bedingungen durch eine verschlüsselte Übertragung der Daten simulierbar.

Eine der größten Gefährdungen bei der Benutzung des Internet stellt der Verlust der Vertraulichkeit und der Integrität dar, und zwar durch ein Mitlesen der
versandten Daten, bzw. durch die Manipulation der Daten. Das Mitlesen von versandten Daten ermöglicht sogenannte Replay Attacks, bei
denen einmal zur Authentisierung benutzte Daten, wie z. B. verschlüsselte
Paßwörter, von einem Angreifer bei einem späteren Zugangsversuch wieder
eingespielt werden oder aber aufgefangene Informationen einfach zu Lasten
des ursprünglichen Absenders noch einmal abgesendet werden, z. B. bei
Transaktionen, wie Kaufaufträgen oder Überweisungen.

Für einen Dritten muß es unmöglich sein, übertragene Daten zu verändern.
Außerdem darf keiner der Beteiligten den geführten Dialog abstreiten können.

Für alle Netzdienste im Internet existieren die beschriebenen Probleme, nämlich der fehlende Schutz vor Verlust der Integrität und Vertraulichkeit sowie die
unzureichende Authentisierungsmöglichkeit. Abwenden kann man diese Probleme nur durch eine verschlüsselte Übertragung verbunden mit einem geeigneten Authentisierungsalgorithmus.[45]

Weitere wichtige Sicherheitsanforderungen können Anonymität und Fehlertole-
ranz darstellen, insbesondere gilt die letzte Anforderung für den Bereich des
electronic cash.[46]

Es gibt für die beschriebenen Gefährdungen ausreichende Schutzmöglichkeiten. Die wesentlichen Schutzmöglichkeiten sind:

---

[45] Vgl.: Fuhrberg, K., Sicherheit, 1996: S.1 ff.
[46] Vgl.: Birkelbach, J., Cyber Finance, 1996: S. 30 f.

- Verschlüsselung: Die Übertragung der im Internet versandten Daten soll verschlüsselt erfolgen. Sinnvoll wäre es, wenn entsprechende Mechanismen schon in den unteren Schichten des Protokolls vorgesehen würden. Um die Vertraulichkeit bestimmter Daten zu gewährleisten, insbesondere bei der Versendung von E-Mails, bietet sich die Benutzung von Mechanismen an, die eine Ende-zu-Ende Verschlüsselung ermöglicht. Eine Überprüfung von Integrität und Authentizität wird mit Hilfe des Authentication-Header möglich sein. Die Verschlüsselung privater Daten kann mit Hilfe des Privacy-Header erfolgen. Für einen umfassenden Einsatz wäre allerdings ein weltweit einheitliches Management erforderlich. Für einen kommerziellen Gebrauch des WWW wurde durch einen Arbeitskreis (CommerceNet) aus Banken, Computerfirmen u.a. die Entwicklung eines sicheren Protokolls (Security-Hyper Text Transfer Protokoll) initiiert.

- Sichere Authentisierungsverfahren: Ein wesentlicher Schutz vor dem Mißbrauch von Datenverarbeitungsanlagen ist eine gesicherte Identifikation und Authentisierung. Dies kann man z. B. durch den Einsatz von Einmalpaßwörtern erreichen.

- Einsatz geeigneter Schutzkonzepte: Hierzu eignen sich besonders sogenannte Internet-Firewalls oder auch kurz Firewall genannt. Eine Firewall ist eine Anordnung von Hard- und Software, die als alleiniger Übergang zwischen zwei zu trennenden TCP/IP Netzen dient, von denen das eine einen höheren Schutzbedarf hat. Die Firewall hat nur diesen einen Zweck und darf keine weiteren Dienste einbringen. Ein Zugang zur Firewall darf nur über eine gesicherte Konsole möglich sein. Sie baut auf einer für das zu schützende Netz definierten Security-Policy auf und gestattet nur die dort festgelegten Verbindungen. Die Verbindungen müssen nach IP-Adresse, Dienst und Benutzer getrennt festgelegt werden können. Alle korrekt aufgebauten Verbindungen müssen protokolliert werden, alle abgewiesenen sollten protokolliert werden.[47]

---

[47] Vgl.: Fuhrberg, K., Sicherheit, 1996: S. 5 ff.

In Deutschland wird von der Sparda Bank Hamburg ab dem 15. Juli 1996 Internet Banking mit einem neuen Sicherheitssystem angeboten. Die Sicherheitsanforderungen sind hierbei deutlich höher als bei der gesamten deutschen Kreditwirtschaft.

Abgesichert werden die drei Schwachstellen im Internet Banking, nämlich der PC des Endbenutzers, der Datenübertragungskanal, also das Netz, und die Bank-EDV. Sicherheit vor Viren erhält der PC des Endbenutzers durch den „MeChip"[48] der ESD GmbH. Der MeChip ist ein sicheres, unangreifbares System, das neben den PC gesetzt wird. Er besitzt die Kapazität eines kleinen PCs. In ihm werden alle sicherheitsrelevanten Banktransaktionen bearbeitet und verschlüsselt. Der MeChip arbeitet mit der multimedialen Internet-Software MeWallet, die der Kunde auf CD-ROM oder Diskette erhält.[49]

Vorteilhaft an diesem neuen Sicherheitssystem ist die leichte Installation. Der MeChip wird auf die Druckerschnittstelle des PCs gesetzt und mit einem speziellen Kabel mit der Tastatur verbunden. Da er ein Unikat ist, ist er ein unverwechselbarer digitaler Fingerabdruck, denn jedes Modul trägt einen individuellen Code.

Die Sparda Bank setzt damit auf eine Hardware unterstützte Sicherheitslösung, da die Sicherheitssysteme, die durch Software betrieben werden, von Hackern manipuliert werden können. Bisher wurde die Sicherheitslücke „PC" nicht geschlossen, was zur Folge haben kann, daß ein Virus angreift, bevor verschlüsselt wird, wodurch z. B. eine bereits manipulierte Überweisung sicher verschlüsselt werden könnte. Durch den MeChip werden die Sicherheitslücken „PC" und „Datenübertragungskanal" geschlossen.

Die Sicherheitslücke Bank-EDV wird bei diesem System über mehrere Firewalls geschlossen.[50]

Der Bundesverband deutscher Banken strebt eine Standardisierung des Online-Bankings unter dem Namen HBCI (Homebanking Computer Interface) an, der die Sicherheitsbedürfnisse deutscher Kreditinstitute erfüllen soll. Mittels

---

[48] Vgl.: o. V., Cybergeld, 1996: S. 138
[49] Vgl.: o. V., Sicheres Home Banking, 1996: o. S.
[50] Vgl.: o. V., Pressemitteilung der Sparda Bank Hamburg, 1996: o. S.

Worl-Wide-Web-Servern wird angestrebt, die hohen Sicherheitsstandards zu erreichen. Wesentlicher Vorteil des HBCI-Standards ist die Möglichkeit, auf die Eingabe von PIN-Nummern verzichten zu können. Zur Identifizierung des Nutzers wird künftig eine Chipkarte dienen.[51] Siemens-Nixdorf beispielsweise bietet einen Electronic-Banking- Server an, der die gemeinsame Basis der Bankbetriebswirtschaft und der Kommunikationstechnik für das Internet-Banking und das Banking im T-Online gewährleistet.[52]

In den USA werden zur Zeit große Anstrengungen zur Lösung der Sicherheitsprobleme unternommen. Visa hat in Zusammenarbeit mit Microsoft die Secure Transaction Technology (STT) entwickelt. [53] Dieses Programm ermöglicht den weltweit elf Millionen Inhabern einer Visa-Kreditkarte mit einem Windows-PC und einem Telefonanschluß den Zugang zum Internet. Dadurch kann jedermann von zu Hause einkaufen oder seine Bankgeschäfte erledigen. Die STT-Software besteht aus vier Produkten:

- Transaktionsmodul: Dadurch wird es dem PC-Nutzer ermöglicht, Online Waren zu bestellen oder Dienste per Kreditkarte zu bezahlen.
- Händlermodul: Ladenbesitzer oder Kaufhäuser können damit die elektronischen Bezahlungen verarbeiten.
- Bankenmodul: Damit wird für Banken die Bonität von Kunden geprüft.
- Servermodul: Über das öffentliche Telefonnetz werden erstmals die persönlichen Geheimnummern (PIN) für alle Banken vom Computer verwaltet.[54]

Ein weiterer von einem Zusammenschluß von verschiedenen Firmen (GTE, IBM, Microsoft, Netscape, SAIC, Terisa Systems, Verisign und VISA) entwikkelter Sicherheitsstandard ist der Sicherheitsstandard „Secure ElectronicTransaction" (SET).[55]

---

[51] Vgl.: O.V., Standard HBCI, 1996, o. S.
[52] Vgl.: Fleischer, K., Vision, 1996: S. 26 f.
[53] Vgl.: Hies, M., Banken und Multimedia, 1996: S. 27 f., Braatz, F., Vorsicht, 1996: S. 20
[54] Vgl.: Müller-Scholz, W., Cole, T., Computergeld, 1995: o. S.
[55] Master card, Internet, http://www.mastercard.com, 03/1996, VISA, Internet, http://www.visa

Auch Europay und IBM haben eine Zusammenarbeit zur Erstellung eines sogenannten Mehrparteiensicherheitsprotokolls unter der Bezeichnung iPK ver-
einbart.

Das iPK nutzt die sogenannte snap-in Technologie, mit der ein Zugang für alle
Kommunikationsprogramme, die den gängigen Industrienormen entsprechen,
geschaffen wird. Im Rahmen der global angelegten Bemühungen der IETF
(Internet Engineering Task Force), stellt das Protokoll einen wichtigen Be-
standteil für die Entwicklung eines einheitlichen Standards dar.[56]

Vollkommenen Schutz vor Mißbrauch wird es aber auch zukünftig nicht geben.

**2.5   Entwicklung der Marktstruktur der Kreditinstitute im Bereich
         des Electronic-Banking**

Ende der 60er Jahre nahm der Einsatz von Großrechneranlagen kontinuierlich
zu. Durch diese Entwicklung wurde in vielen Unternehmen die herkömmliche
Abwicklungsform abgelöst bzw. verändert. Dadurch veränderte sich auch die
Abwicklungsform in den Kreditinstituten, die das Bankgeschäft zunehmend
technisierten. Der Schwerpunkt zu Beginn der Technisierung lag auf der Rationalisierung. Rationalisierungspotential, aber auch -notwendigkeit, eröffnete
sich vor allem im Back-Office-Bereich bei der Erfassung und Bearbeitung gut
strukturierbarer Massendaten. Bedingt dadurch, daß die Technologie immer
mehr die Schnittstelle zum Kunden berührte, wurde sie im Laufe der letzten
Jahre immer mehr zur Steigerung der Qualität und als Instrument zur Differen-
zierung von Wettbewerbern eingesetzt, denn in der Vergangenheit waren die
wesentlichen Faktoren für den Erfolg in der Finanzdienstleistungsbranche die
Filialdichte. Heute aber sind es zunehmend der Umfang und die Qualität der
Systeme.

---

[56] Vgl.: o. V., Kartenindustrie,1996: S. 176

Die gesamte Kreditbranche erneuert derzeit ihre Retailsparte, da Kostenexplo-
sionen und starke Ertragseinbrüche die Margen im Privatkundengeschäft
schrumpfen lassen.

Der Kundenbedarf und das Nachfrageverhalten werden differenzierter: Die zunehmende Konzentration des Geldvermögens, die sich weiter auseinander
entwickelnden Ansprüche bei der Vermögensanlage und die größere Technikakzeptanz der Kunden bei gleichzeitiger Abnahme der Loyalität der Kunden
gegenüber den Kreditinstituten.

Die Möglichkeiten zum Einsatz der Technik steigen deutlich an. Die Unabhän-
gigkeit von Zeit und Raum und die Bequemlichkeit und Schnelligkeit verschaffen der von den Kreditinstituten eingesetzten Technik eine hohe Kundenakzeptanz.[57]

Als Beispiel kann man hier die Citibank aufführen, die konsequent auf Kundenorientierung ausgerichtet wurde. Die 300 Filialen sind reine Verkaufsstellen
und fast vollständig automatisiert und zentralisiert. Entscheidungen werden
vom Computer übernommen, Kreditanträge von der Elektronik bearbeitet.[58]

2.5.1 Electronic-Banking als Wettbewerbsfaktor

Electronic-Banking kann als Instrument zur Produktivitätssteigerung im allgemeinen dienen.

- Dies gilt in besonderem Maße für den Bereich des Zahlungsverkehrs. Im
  internen Bereich können mit Hilfe der EDV eine Erhöhung der Verarbei-
  tungsgeschwindigkeit und Kosteneinsparungen erreicht werden (z. B. durch
  Eingabe mit Scanner oder Schriftenlesesystemen und automatischer Wei-
  terverarbeitung). Im externen Bereich können diese Ziele durch die Möglichkeiten von elektronischen Transaktionen erzielt werden.

---

[57] Vgl.: Heitmüller, H.-M., Bedeutung, 1995: S. 43
[58] Vgl.: o. V., Banken im Umbruch, 1996: S. 50 f.

Electronic-Banking als Instrument zur Produktivitätssteigerung in der Bereitstellung von Bankdienstleistungen:

- Sowohl die räumlichen als auch die zeitlichen Möglichkeiten Bankprodukte anzubieten, verlagern sich durch die Automation der Bankgeschäfte und der Möglichkeiten des Electronic-Banking. Die Struktur der Kundenbeziehung wird durch die Erschließung neuer Vertriebswege verändert, wodurch im Filialbereich starke Änderungen zu erwarten sind. Da der Kunde direkte Eingaben in elektronischer Form durchführen kann, wird ein wesentlicher Teil des „Produktionsprozesses" durch den Kunden selbst durchgeführt. Potential zur Rationalisierung und zur Kosteneinsparung werden also auch durch das Telebanking und Selbstbedienungseinrichtungen geboten.

Technologie als Instrument zur Verbesserung der Qualität von Bankdienstleistungen:

- Die Technologie, die für das Electronic-Banking eingesetzt wird, kann den Kundenberater durch Bezug, Speicherung und die Aufbereitung von Informationen unterstützen und so die Beratungsqualität erhöhen. Durch Electronic-Banking kann der Serviceanteil der Produkte erhöht (z. B. zeitnahe Informationsbereitstellung in Form von elektronischen Kontostandsabfragen) und flexibel auf Kundenwünsche reagiert werden. Die Sicherheit und Qualität können durch automatische Kontrollen erhöht werden.

Technologie als Instrument zur Entwicklung neuer Produkte:

- Die weltumspannenden Kommunikationsnetze erlauben den Handel mit Devisen und Wertpapieren rund um die Uhr, wodurch der sogenannte Programmhandel ermöglicht wird. Mit dem vermehrten Einsatz des Electronic-Banking treten die Kreditinstitute in zunehmenden Maße als Informationsdienstleister auf, indem sie Informationen vermitteln und Datenbankdienste anbieten.

Electronic-Banking als Instrument zur Erschließung neuer Märkte:

- Durch den Einsatz von Electronic-Banking wird das Erbringen von Bankdienstleistungen vom Standort des Kreditinstitutes unabhängig. Produkte
  aus dem Bereich des Electronic-Banking erlauben ausländischen Kreditinstituten mit relativ geringen Investitionen den Zutritt in andere nationale
  Märkte. Durch die Entwicklung der weltweiten Kommunikationsnetze können
  gemeinsame Ressourcen der Kreditinstitute besser genutzt und somit Ver-
  bundvorteile erzielt werden, was einen zusätzlichen Anreiz für ein Kreditinstitut zur Erschließung neuer Märkte für den Absatz seiner Dienstleistungen
  darstellt. Der zu beobachtende Rückgang der Kosten für die Informati-
  onsübertragung führt im allgemeinen auch zu einem Rückgang der Transaktionskosten, was zu einer weiteren Globalisierung der Märkte beiträgt.[59]

Electronic-Banking bietet weitere Vorteile für die Kunden, denn das Kreditinstitut ist rund um die Uhr für seine Kunden erreichbar und zwar an jedem Tag
der Woche. Für die Kreditinstitute bedeutet Electronic-Banking einen hohen
Imagegewinn gegenüber ihren Kunden, gelten doch solche Kreditinstitute als
besonders innovativ. Auch die Umsätze in einigen Bereichen dürften durch den
Einsatz von Electronic-Banking steigen, so z. B. die Konto- und Wertpapierum-
sätze, da informierte Anleger auch umsatzfreudiger sind. Außer dem Aspekt
des Imagegewinns, der Kostensenkungspotentiale und der Intensivierung be-
stehender Geschäftsverbindungen, werden Kreditinstitute, die das Electronic-
Banking favorisieren, auch Neukunden und damit Neugeschäfte erzielen können. Dies ist insbesondere für solche Kreditinstitute von Bedeutung, die über
kein entsprechendes Filialnetz verfügen, wie die großen Universalbanken.[60]

Im Bereich des Electronic-Banking wird derzeit das Internet einerseits als ein
Netz für umfassendes Marktresearch genutzt, andererseits als weltumfassen-
des Medium, um eigene Informationen, wie Produkt- oder Unternehmensdaten,

---

[59] Vgl.: Mahler, A., Telekommunikationsdienste, 1994: S. 8 f.
[60] Vgl.: Birkelbach, J., Bankgeschäfte, 1995: S. 51

einzuspeisen. Eine hervorragende Infrastruktur bietet das Internet auch im Bereich der Kundenpflege und Kundenunterstützung.[61]

Die europäischen, insbesondere die deutschen Kreditinstitute sollten sich mit dem Thema Electronic-Banking weiter auseinandersetzen, denn neue Wettbewerber drängen auch aus Übersee auf den europäischen Markt.

3   Auswertung der Fragebögen

3.1   Vorüberlegungen

Die Absicht der Befragung liegt nach der vorausgegangenen Auseinandersetzung mit dem Thema „Electronic-Banking für Privatkunden" (s. Pkt. 2) und den vielfältigen Möglichkeiten, die das Electronic-Banking bietet, darin zu beleuchten, inwieweit die Kreditinstitute diese Möglichkeiten erkannt haben und auch bereit sind, die neuen informationstechnischen Entwicklungen in Zukunft einzusetzen.

Der Schwerpunkt der Befragung wurde auf den Bereich des Einsatzes des Internet innerhalb des Electronic-Banking gelegt.

Durch die Zusammenfassung der gewonnenen Daten soll darüber Aufschluß verliehen werden, wie sich die Meinungen und Tendenzen zum Electronic-Banking in der Kreditwirtschaft heute darstellen. Zur Verdeutlichung der gewonnenen Ergebnisse dienen die abgebildeten Grafiken und Tabellen sowie deren Kommentierung.

Der Zeitraum der Erhebung erstreckte sich von Mitte Mai bis Mitte Juli 1996.

---

[61] Vgl. Birkelbach, J., Raum und Zeit, 1995: S. 22

3.2   Ziel der Erhebung

Ziel der durchgeführten Erhebung war die Gewinnung von Daten, die den derzeitigen Stand des Electronic-Banking sowie den zukünftigen Einsatz des Internet im Bereich des Electronic-Banking wiedergeben sollten. Zur Durchführung der Erhebung wurde ein doppelseitiger Fragebogen erstellt.

Ziel war es nicht, die gewonnenen Daten unter Anwendung sämtlicher zur Verfügung stehenden mathematischen und statistischen Methoden bis ins letzte Detail auszuwerten, sondern vielmehr eine Analyse der gegenwärtigen Entwicklung des Electronic-Banking durchzuführen.

3.3   Methodisches Vorgehen

Für die Aufgabenstellung, die gegenwärtige Entwicklung des Electronic-Banking für Privatkunden zu untersuchen, mußten bis dato unbekannte Daten erhoben werden.

Für die Erhebung der Daten bot sich dementsprechend nur die Primärerhebung zur Erfassung der Daten an. Es wird dabei durch H. Meffert bei der Primärerhebung zwischen Befragung (mündliche und schriftliche), Beobachtung und Experiment unterschieden.[62]

Beobachtung und Experiment scheiden aufgrund von verfahrenstechnischen Gründen bei dieser Analyse aus. Die mündliche Befragung ist für den Interviewer und Interviewten sehr zeitintensiv und erfordert einen hohen zeitlichen sowie personellen Aufwand. Bei dieser Befragung wurde deshalb, trotz der sich ergebenden niedrigeren Rücklaufquote, auf den Modus der schriftlichen Befragung zurückgegriffen.

Zur Durchführung der Befragung wurde ein doppelseitiger Fragebogen ent-

---

[62] Vgl.: Meffert, H., Marketingforschung, 1992: S.178

worfen, der insgesamt 14 Fragen umfaßt. Es wurde Wert auf übersichtliche Gestaltung gelegt. Außerdem sollte der Befragte wenig Zeit für die Beantwortung der Fragen aufwenden, so daß er entweder nur absolute Zahlen (s. Teil I des Fragebogens) oder das entsprechende Kästchen ankreuzen mußte. Eine kurze Antwort mit Text war nur vorgesehen, sollte keine der vorgegebenen Antworten, die mit Ankreuzen zu beantworten waren, auf den Befragten zutreffen. Ein Volltext war nicht erforderlich.

Die Auswertung der Daten erfolgte unter Beachtung der Anonymität. Aus diesem Grund wurden die Daten nur kumuliert ausgewertet. Fehlende oder fehlerhafte Angaben gingen in die Auswertung nicht mit ein.

Der Fragebogen wurde zusammen mit einem erläuternden Anschreiben verschickt, aus welchem Art und Zweck der Befragung ersichtlich wurden. Zusätzlich wurde auf dem Anschreiben eine Ansprechperson angegeben, die für eventuell auftretende Rückfragen zur Verfügung stand.

3.4   Grundgesamtheit und Rücklaufquote

Die Gesamtheit aller befragten Kreditinstitute setzt sich aus 56 angeschriebenen Banken und Sparkassen zusammen.

Die Grundgesamtheit der angeschriebenen Unternehmen sind 28 Sparkassen, 14 Banken aus dem Genossenschaftssektor, 10 Großbanken, drei Regionalbanken und eine öffentlich-rechtliche Grundkreditanstalt. Die angeschriebenen Kreditinstitute erstrecken sich über die gesamte Bundesrepublik Deutschland.

Die 56 Fragebögen wurden am 26. Mai 1996 verschickt.

Die meisten Fragebögen kamen in den ersten drei Wochen zurück. In den darauffolgenden Wochen verringerte sich der Rücklauf, so daß in der 6. und 7. Woche nur noch jeweils ein Fragebogen zurückgesandt wurde. In der 8. Woche wurden 3 Fragebögen zurückgesandt.

Die folgende Tabelle verdeutlicht den Ablauf   des Fragebogenrücklaufs.

Rücklauf	absolut	in %
1. Woche	6	10,7
2. Woche	5	8,9
3. Woche	5	8,9
4. Woche	3	5,3
5. Woche	3	5,3
6. Woche	1	1,8
7. Woche	1	1,8
8. Woche	3	5,4

Abbildung 5: Fragebogenrücklauf

Quelle: Eigene Grafik

Nach etwa zwei Monaten waren 27 auswertungsfähige Fragebögen zurückgesandt worden. Ein Fragebogen der 56 ausgesandten Fragebögen kam unbe-
antwortet zurück, da das entsprechende Kreditinstitut offensichtlich verzogen
ist. Aus diesem Grund ergibt sich eine bereinigte Grundmasse von 55. Damit
beträgt die auswertungsfähige Rücklaufquote 49,1%. Aus der unten abgebildeten Tabelle wird die Berechnung der Rücklaufquote ersichtlich:

	Zahl
ausgesandte Fragebögen	56
Empfänger nicht existent	1
bereinigte Grundmasse	55
auswertungsfähiger Rücklauf	27
auswertungsfähige Rücklauf-quote	49,1%

Abbildung 6: Rücklaufquote

Quelle: Eigene Grafik

Von den angeschriebenen 28 Sparkassen haben 13 Sparkassen den Fragebogen beantwortet zurückgesandt, ebenso 7 der angeschriebenen 13 Banken
aus dem Genossenschaftlichen Sektor sowie 7 der 10 angeschriebenen Großbanken. Die drei Regionalbanken sowie die öffentlich-rechtliche Grundkreditanstalt haben die Fragebögen nicht zurückgesandt.

	Sparkassen	Genossen-schaftsbanken	Großbanken
Ausgesandte Fra-gebögen	28	13	10
Rücklauf	13	7	7
Rücklaufquote	46,4%	53,8%	70%

Abbildung 7: Rücklaufquote unterteilt nach Bankengruppen
Quelle: Eigene Grafik

3.5   Auswertung der Daten

3.5.1 Angaben zum derzeitigen Stand des Electronic-Banking

Mit den erhobenen Daten soll herausgefundenen werden, inwieweit das
Electronic-Banking Einzug in das Selbstverständnis der Banken gehalten hat
und in welcher Form das Internet in Zukunft von den Kreditinstituten genutzt
werden wird.
Der erste Teil des Fragebogens dient zur Ermittlung von allgemeinen Daten
der Kreditinstitute, wie dem Namen des jeweiligen Kreditinstitutes, der Anzahl
der Beschäftigten in Deutschland und weltweit, der Anzahl der Filialen in
Deutschland sowie der Höhe der Bilanzsumme, um mit Hilfe dieser Daten
Rückschlüsse auf die Beantwortung von Fragen der nachfolgenden Teile ziehen zu können. Dieser erste Teil umfaßt vier Fragen.

Wichtig für die Auswertung der erhobenen Daten sind dabei die Anzahl der Filialen sowie die Höhe der Bilanzsumme.

Dazu wurden die Kreditinstitute in vier Gruppen unterteilt:

Anzahl der Filialen	Anzahl der Kreditinstitute
< = 20	6
< = 50	6
< = 100	6
> 100	8
	26

Abbildung 8: Kreditinstitute unterteilt nach Anzahl der Filialen
Quelle: Eigene Grafik

Eines der Kreditinstitute machte keine Angaben über die Anzahl der Filialen.

Ebenso wurde in Bezug auf die Bilanzsumme verfahren, um anhand dieser Daten später Rückschlüsse für die Auswertung der übrigen Daten ziehen zu können:

Bilanzsumme (in Mrd. DM)	Anzahl der Kreditinstitute
< = 10	16
< = 50	5
< = 100	2
> 100	4
	27

Abbildung 9: Kreditinstitute unterteilt nach der Höhe der Bilanzsumme
Quelle: Eigene Grafik

Im zweiten Teil des Fragebogens wurden die Kreditinstitute über den aktuellen Stand des Electronic-Banking in Ihrem Unternehmen befragt. Der dritte Teil des

Fragebogens beschäftigt sich mit der zukünftigen Nutzung des Internet und der vierte und letzte Teil behandelt speziell die Abwicklung des Zahlungsverkehrs innerhalb des Internet.

3.5.2 Einsatz von elektronischen Kommunikationskanälen

In Frage 5 wurden die befragten Kreditinstitute bezüglich des Einsatzes elektronischer Kommunikationskanäle zur Antwort gebeten. Die Fragestellung lautet: „ Werden in Ihrem Kreditinstitut Dienstleistungsprodukte über elektronische Kommunikationskanäle vertrieben?" Die Frage war mit „ja" oder „nein" zu beantworten. Geantwortet wurde darauf von 96,3% (absolut 26) mit „ja" und 3,7% (absolut 1) mit „nein".

Die Verteilung der Antworten wird in der nachfolgenden Abbildung grafisch dargestellt:

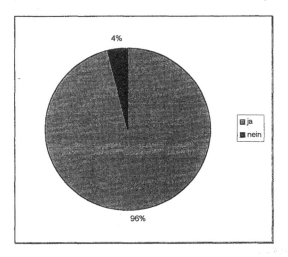

Abbildung 10: Einsatz von elektronischen Kommunikationskanälen
Quelle: Eigene Grafik

Nur ein äußerst geringer Teil der Kreditinstitute setzt somit noch keine elektronischen Kommunikationskanäle ein, was darauf hindeutet, daß von fast allen Kreditinstituten der Vertrieb von Dienstleistungsprodukten über elektronische Kommunikationskanäle als wichtig erachtet wird.

3.5.3 Art der Kommunikationskanäle

Die Frage 6 lautet: „Um welche Kommunikationskanäle handelt es sich?". Zum Ankreuzen wurden hier das Telefon, T-Online und das Internet vorgegeben. Ein weiteres Feld wurde für mögliche andere, betriebsspezifische Kommunikationskanäle, die von den entsprechenden Kreditinstituten zu benennen waren, vorgegeben. Mehrfachnennungen waren möglich.

66,7% (absolut 18) der antwortenden Kreditinstitute gaben an, das Telefon als elektronischen Kommunikationskanal zu nutzen. T-Online wurde von 88,9% (absolut 24) angegeben, das Internet als das jüngste zu wählende Medium wurde von 33,3% (absolut 9) benannt sowie Datex P von 11,1% (absolut 3), Selbstbedienungsautomaten (Lobby) von 7,4% (absolut 2) und die Mailbox von 3,7% (absolut 1).

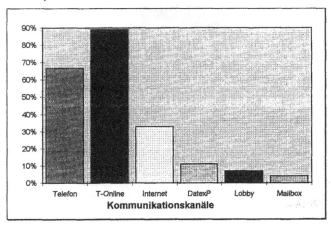

Abbildung 11: Art der Kommunikationskanäle
Quelle: Eigene Grafik

Der Anteil von 66,7% des Telefons als Kommunikationskanal deutet darauf hin, daß die Kreditinstitute erkannt haben, daß das kundenorientierte Telefonbanking für den zunehmend härter werdenden Vertrieb von Bankprodukten sehr wichtig ist, um schon heute Wettbewerbsvorteile zu erzielen, denn die Entwicklung in den USA und Großbritannien zeigt, daß das Telefonbanking in Zukunft auch in Deutschland an Bedeutung zunehmen wird.[63]

Inzwischen werden rund 1,4 Millionen Girokonten via T-Online bei über 3.000 Kreditinstituten geführt, mit inzwischen über einer Million Kunden.[64] T-Online ist damit der erfolgreichste deutsche Online-Dienst. Die Antworten der befragten Kreditinstitute decken sich mit dieser Entwicklung.

Über das Internet sind derzeit schon über 400 Kreditinstitute[65] erreichbar. Von den antwortenden Kreditinstituten nutzen 33,3% das Internet als Kommunikationskanal, was darauf hindeutet, daß ein großer Teil der Kreditinstitute die zunehmende Bedeutung und das große Potential an möglichen Kunden, das zu geringen Kosten erreichbar ist, erkannt hat.[66]

Betrachtet man die Kreditinstitute im Hinblick auf die Anzahl der Filialen, so fällt dabei auf, daß Kreditinstitute mit einer großen Anzahl von Filialen zu einem größeren Anteil elektronische Kommunikationskanäle zum Vertrieb von Dienstleistungsprodukten einsetzen, als solche mit weniger Filialen. So setzen 100% (absolut 8) der Kreditinstitute mit mehr als 100 Filialen das Telefon ein, ebenso 83,3% (absolut 5) der Kreditinstitute mit über 50 bis 100 Filialen, aber nur 16,7% (absolut 1) der Kreditinstitute mit über 20 bis 50 Filialen und 66,7% mit weniger als 21 Filialen. Der Vorteil für Kreditinstitute mit einer großen Anzahl von Filialen scheint darin zu liegen, daß mit Hilfe des Telefon-Banking Geschäftsstellen mit geringem Kundenverkehr auf mittlere Sicht geschlossen bzw. in eine SB-Filiale einschließlich Telefon-Banking umgewandelt werden

---

[63] Vgl.: Poeschke, H., Bußmann, J., Telefonbanking,1995: S. 31 f.
[64] Vgl.: Styppa, R., Herold, K., Deutsche Kreditinstitute, 1996: S. 186
[65] Vgl.: Styppa, R., Herold, K., Deutsche Kreditinstitute, 1996: S. 186
[66] Vgl.: Hies, M., Banken und Multimedia, 1996: S. 25

können.[67] Das Telefon-Banking beinhaltet ein großes Rationalisierungspotenti-al für die Kreditinstitute.

Das T-Online wird von allen Gruppen häufig angewendet, da dieses System inzwischen zum Standard der Kreditinstitute geworden ist.

Auch das Internet wird beim Vertrieb von Dienstleistungsprodukten von Kredit-instituten mit vielen Filialen häufiger eingesetzt als von Kreditinstituten mit we-nigen Filialen: Bei Kreditinstituten mit mehr als 100 Filialen von 50% (absolut 4), bei Kreditinstituten mit über 50 bis 100 Filialen von 50% (absolut 3), bei Kreditinstituten mit über 20 bis 50 Filialen von 0% und bei Kreditinstituten mit 1 bis 20 Filialen von 33,3% (absolut 2), was auch hier darauf hindeutet, daß das Rationalisierungspotential des Internet ausgenutzt werden soll.

3.5.4 Vermittlung von Informationen über das Internet

Frage 7 behandelt das Thema der Informationsvermittlung über das Internet. Die Frage lautet: Welche Art von Informationen wird schon heute von Ihrem Kreditinstitut über Internet vermittelt? Zum Ankreuzen (mehrere Kreuze sind möglich) sind 10 mögliche Antworten vorgegeben:

- Kontoführung
- Geldanlage
- Kreditangebote
- Wertpapierangebote
- Investmentfondsangebote
- Kursentwicklungen an den Börsenplätzen
- Realtime-Informationen
- politische Informationen
- wirtschaftliche Informationen
- Zeitgeschichte
- andere

---

[67] Vgl.: Jekel, N. Automatische Systeme, 1994, S. 530

Das Feld „andere" dient für individuelle Eintragungen.

Von den 9 (=33,3%) Kreditinstituten, die das Internet als von ihnen zu nutzen-
den Kommunikationskanal angaben, vermitteln 4 (44,4%) Informationen über
die Kontoführung ihrer Kunden, 5 (=55,6%) gaben an, Informationen über die
Geldanlage zu übermitteln, 4 (=44,4%) gaben Kreditangebote an, 3 (=33,3%)
Wertpapierangebote, 4 (=44,4%) übermitteln Informationen über Investmentfondsangebote, 2 (=22,2%) geben Informationen zu den Kursentwicklungen an
den Börsenplätzen, 3 (=33,3%) vermitteln wirtschaftliche Informationen sowie 2
(=22,2%) Informationen über Zeitgeschichte.

Die Verteilung der Antworten wird in der folgenden Abbildung ersichtlich:

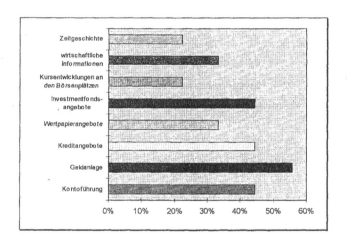

Abbildung 12: Informationsvermittlung über das Internet
Quelle: Eigene Grafik

Der Großteil der Kreditinstitute nutzt das Internet also fast ausschließlich zu
Informations- und Werbezwecken, die direkt im Zusammenhang mit dem jeweiligen Kreditinstitut stehen. Nur wenige geben weitergehende Informationen, wie
z. B. über Kursentwicklungen an den Börsenplätzen oder wirtschaftliche Informationen, an ihre Kunden weiter, da vielen Kreditinstituten die Sicherheitsmechanismen noch nicht ausgereift genug sind oder da sie noch auf einen ein-

heitlichen Sicherheitsstandard warten, wie dies auch aus den beantworteten Fragebögen deutlich hervorgeht (siehe Pkt. 3.5.11).

Das Ergebnis dieser Frage deutet darauf hin, daß die Kreditinstitute das Potential des Internet noch lange nicht ausgeschöpft haben, obwohl die Kunden mehr fordern (siehe Pkt. 2.4.1).

3.5.5 Zeitpunkt des Engagements im Internet

Die Frage 8 lautet: „Sollte Ihr Kreditinstitut bisher noch nicht über Internet erreichbar sein, ab wann wird es sich im Internet engagieren?" Diese Frage sollte dazu dienen zu untersuchen, inwieweit den Kreditinstituten bewußt ist, daß sich das Wettbewerbsumfeld in den nächsten Jahren verändern wird und wie schnell sie dazu bereit sind, auf diese Veränderungen zu reagieren.

Als Antworten waren vorgegeben:

- Innerhalb 1996
- 1997
- nach 1997
- überhaupt nicht.

18 (=66,6%) der antwortenden Kreditinstitute haben sich bisher noch nicht im Internet engagiert.

Von diesen 18 Unternehmen gaben 9 (= 50%) an, sich noch innerhalb des Jahres 1996 im Internet zu engagieren, 2 (=11,1%) antworteten, daß dies noch 1997 durchgeführt werden sollte und 6 (=33,3%) gaben an, daß sie sich nach 1997 im Internet engagieren wollten.

1 (=5,6%) Kreditinstitut machte keine Angaben.

Die Verteilung der Antworten wird in der unten abgebildeten Grafik verdeutlicht:

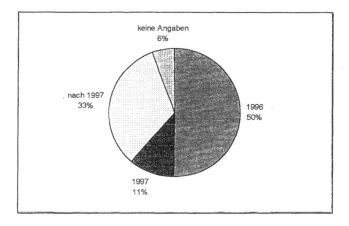

Abbildung13: Zeitangabe über die Einführung des Internet

Quelle: Eigene Grafik

Jedes der antwortenden Kreditinstitute beabsichtigt also, sich im Internet zu engagieren. Ausgelöst wird diese Bereitschaft zum Engagement im Internet durch die neue Konkurrenz, die aus Übersee durch das Internet entsteht und die neue heranwachsende, der Informationstechnologie offen gegenüberstehende Generation. Gerade diese Generation wird über ein beachtliches Vermögen verfügen, da sie zu der Generation der jungen Erben gehört. Zukünftig werden die Kunden ihre Bankverbindung nach neuen Kriterien wählen, die Produkte werden transparenter und homogener. Durch die massiv auftretenden Non- und Nearbanks entsteht eine große Konkurrenz gegenüber den traditionellen Kreditinstituten.[68] Das Ergebnis der Befragung deutet darauf hin, daß die Kreditinstitute diese Entwicklung erkannt haben und dementsprechend reagieren.

Betrachtet man die Kreditinstitute im Hinblick auf die Anzahl ihrer Filialen, so fällt auch hier wieder auf, daß Kreditinstitute mit vielen Filialen früher dazu bereit sind, die neue Informationstechnologie einzusetzen. So wollen von den 4

---

[68] Vgl.: Birkelbach, J., Raum und Zeit, 1995: S. 18 f.

Kreditinstituten mit mehr als 100 Filialen, die bisher noch kein Internet eingesetzt haben, 3 noch im Jahr 1996 ins Internet gehen, das noch fehlende plant
erst nach 1997 ins Internet zu gehen. Von den drei Kreditinstituten mit über 50
bis 100 Filialen, die noch nicht im Internet sind, wollen zwei noch in diesem
Jahr, das dritte im Jahr 1997 ins Internet gehen. Drei der Kreditinstitute mit
über 20 bis 50 Filialen, von denen bisher noch kein Kreditinstitut im Internet
vertreten war, wollen drei noch im Laufe des Jahres, die anderen drei erst nach
1997 ins Internet gehen. Bei den Kreditinstituten mit bis zu 20 Filialen will 1
Kreditinstitut noch in diesem Jahr ins Internet gehen sowie eines nach 1997,
zwei machten zu dieser Frage keine Angaben.

Somit werden Ende dieses Jahres 87,5 % (absolut 7) der Kreditinstitute mit
mehr als 100 Filialen im Internet vertreten sein, 83,3% (absolut 5) der Kredit-
stitute mit über 50 bis 100 Filialen, 50% (absolut 3) der Kreditinstitute mit über
20 bis 50 Filialen und 50% (absolut 3) der Kreditinstitute mit bis zu 20 Filialen.
Das Ergebnis deutet darauf hin, daß vor allem Rationalisierungsgründe für die
Kreditinstitute wichtig sind, um das Internet einzusetzen.

3.5.6 Angaben zur zukünftigen Entwicklung des Internet

Die Frage 9 des Fragebogens befaßt sich mit den Einsatzmöglichkeiten des
Internet im Kreditwesen und sollte dazu dienen herauszufinden, inwieweit die
Kreditinstitute in Zukunft dazu bereit sind die vielfältigen Möglichkeiten, die das
Internet bietet, zu nutzen.

Die Frage lautet: "In welcher Form werden die Möglichkeiten, die das Internet
beinhaltet, bis zum Jahr 2000 von Ihrem Kreditinstitut eingesetzt werden?"

Zur Auswahl standen:

- Beratungsleistungen
- Anlagegeschäft
- Kreditanlagegeschäft
- Wertpapier- und Investmentfondsgeschäft
- Devisengeschäft
- virtuelle Bankfiliale
- E- Mail zu den Kunden
- andere

Mehrfachnennungen waren zugelassen. Das Feld „andere" sollte dazu dienen, nicht aufgeführte Möglichkeiten zu nennen.

16 (=59,3%) Kreditinstitute gaben an, daß sie das Internet für Beratungsleistungen einsetzen wollen, 14 (=51,9%) Kreditinstitute wollen das Internet für das Anlagegeschäft nutzen, von 8 (=29,6%) Kreditinstituten soll das Internet für das Kreditanlagegeschäft eingesetzt werden, 15 (=55,6%) nannten das Wertpapier- und Investmentfondsgeschäft, 4 (=14,8%) das Devisengeschäft, 7 (=25,9%) gaben an, es für des Einsatz einer virtuellen Bankfiliale nutzen zu wollen, 18 (= 66,7%) für E- Mail zu den Kunden, 2 (=7,4%) Kreditinstitute führten als zusätzliche Möglichkeit den Einsatz des Internet für Werbezwecke an.

6 (=22,2%) der antwortenden Kreditinstitute können auf diese Frage noch nicht antworten, da über die Einsatzmöglichkeiten des Internet in Ihren Betrieben bisher noch nicht entschieden wurde.

Die Anzahl der Nennungen verdeutlicht die nachfolgend abgebildete Grafik:

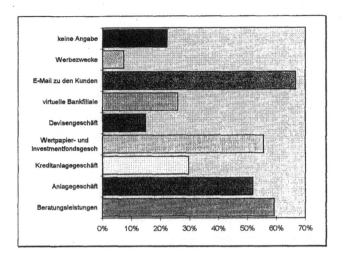

Abbildung 14: Einsatz des Internet bis zum Jahr 2000

Quelle: Eigene Grafik

Betrachtet man das Ergebnis dieser Frage, so scheint es, daß die Mehrheit der Kreditinstitute erkannt hat, daß das Internet für den Vertrieb ideal nutzbar ist, da sich die Kreditinstitute von ihrem begrenzten Markt lösen und weiterreichende Geschäftsaktivitäten anstreben und umsetzen können.

So wollen 66,7% der befragten Kreditinstitute das Internet für E-Mails nutzen, wodurch diese Kreditinstitute eine Kostenreduktion erreichen können, da Telefongespräche durch die Nutzung von E-Mails ersetzt werden können.

Obwohl die virtuelle Bankfiliale in Deutschland noch sehr neu ist, beabsichtigen immerhin 25,9% der befragten Kreditinstitute, eine virtuelle Bankfiliale einzurichten. Es wird damit gerechnet, daß virtuellen Bankgeschäften eine große Zukunft bevorsteht, da diese Dienstleistungen nur Vorteile für die Kunden bieten. Außerdem bieten elektronische Medien den Kreditinstituten ein enormes Geschäftspotential, was insbesondere für Kreditinstitute ohne ein flächendeckendes Filialnetz und für Institute, die sich gerne von einigen Filialen trennen würden, ohne gleich auf Geschäftsanteile verzichten zu müssen, von Bedeutung ist.

Ein Großteil der befragten Kreditinstitute will das Internet für Marketing und Vertriebsaktivitäten nutzen (Beratungsleistungen, Anlagegeschäft, Wertpapier- und Investmentfondsgeschäft), da das Internet für die Kundenpflege und -unterstützung eine geeignete Infrastruktur bietet.[69]

3.5.7 Auswirkungen des Internet auf die Zukunft der Kredit- institute

Die Frage 10 lautet: „ Wie werden sich die technischen Möglichkeiten, die das Internet bietet, auf die Zukunft Ihres Kreditinstituts auswirken?"
Auch bei dieser Frage waren mehrere Möglichkeiten vorgegeben:

- als Chance, effizienter beraten zu können
- als Möglichkeit, die gegenwärtige Marktposition ausbauen zu kön- nen
- als Gefährdung der gegenwärtigen Marktposition
- als Verbesserung von kundenorientierten Dienstleistungen
- andere

Auch bei dieser Frage waren Mehrfachnennungen möglich.

4 (=14,8%) Kreditinstitute gaben an, daß sie die technischen Möglichkeiten des Internet als Chance für eine effizientere Beratung betrachten. 13 (=48,1%) Kreditinstitute sind der Ansicht, daß sie ihre gegenwärtige Marktposition durch die technischen Möglichkeiten des Internet ausbauen können. 1 (=3,7%) Kre- ditinstitut sieht seine gegenwärtige Marktposition in Gefahr, 24 (=88,9%) rech- nen mit einer Verbesserung von kundenorientierten Dienstleistungen. 1(=3,7%) Kreditinstitut machte von dem Feld „andere" Gebrauch und gab an, daß durch das Internet ein Abbau der Stellen zu befürchten ist. Aufgrund dieser alleinigen

---

[69] Vgl.: Birkelbach, J., Internet, 199: S. 53 ff.

Aussage dieses Kreditinstituts floß der Punkt „andere" nicht in die Bewertung mit ein.

In der Tat kann eine Verbesserung von kundenorientierten Leistungen durch den Einsatz des Internet erzielt werden, da über das Internet der Kunde interaktiven Kontakt zu seiner Bank aufnehmen und beispielsweise den aktuellen Kontostand abrufen kann, sich Informationen über die Kursentwicklung an den amerikanischen Börsen beschaffen kann, seine Order eingeben und sofort seinen neuen Kontostand abfragen kann.[70]

Die Palette der im Internet angebotenen Produkte kann vom Zahlungsverkehr über die automatische Vergabe von Konsumenten- und Hypothekenkrediten bis zu weniger beratungsintensiven Produkten gehen.

Etwa die Hälfte der Kreditinstitute geht davon aus, daß sie mit Hilfe des Internet ihre Marktposition ausbauen können. Allerdings sollten die deutschen Kreditinstitute schneller über den Einsatz des Internet entscheiden, denn die internationalen Anbieter sind den deutschen Kreditinstituten im Einsatz des Internet schon weit voraus, da die deutschen Kreditinstitute noch immer keine Entscheidung im Bereich des Sicherheitssystems getroffen haben.[71]

Daß nur ein Kreditinstitut die eigene Marktposition in Gefahr glaubt, widerspricht den allgemeinen Erwartungen, die in den Einsatz des Internet gesetzt werden, da durch den Einsatz des Internet auch ausländische Kreditinstitute die Möglichkeit erhalten, auf den deutschen Markt zu drängen. Diese direkte Konkurrenz werden vor allem die Sparkassen und die Genossenschaftskreditinstitute verspüren, die ihre hohen Marktanteile ihrer Kundennähe zu verdanken haben, die durch ein flächendeckendes Netz von Zweigstellen geschaffen wurde. In der jetzigen Form werden diese Geschäftsstellennetze langfristig nicht mehr haltbar sein.[72]

Die Verteilung der Antworten wird in der folgenden Grafik ersichtlich:

---

[70] Vgl.: Birkelbach, J., Aktuelle Kursnotierungen, 1996: S. 40
[71] Vgl.: Birkelbach, J., Cyber Finance, 1996: S. 25
[72] Vgl.: Ambros, H., Virtual Reality, 1996: S.104 f

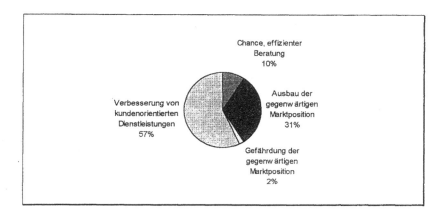

Abbildung 15: Auswirkungen des Internet auf die Zukunft der Kreditinstitute

Quelle: Eigene Grafik

3.5.8 Zukünftige Bedeutung des Internet für die Kundenbindung

Die Frage 11 befaßt sich mit der zukünftigen Bedeutung des Internet für die Bindung der Kunden an das Kreditinstitut. Die Fragestellung lautete: „ Wie wichtig wird das Internet in Zukunft für die Bindung der Kunden an Ihr Kreditinstitut sein?" Die befragten Kreditinstitute konnten hier zwischen vier Varianten wählen:

- sehr wichtig
- wichtig
- weniger wichtig
- unwichtig

Von den 27 antwortenden Kreditinstituten machten hierzu 2 (=7,4%) keine Angaben. 1 (=3,7%) Kreditinstitut betrachtet das Internet als zukünftig sehr wichtig für die Kundenbindung, 20 (=74,1%) gaben an es als wichtig anzusehen, 4 (=14,8%) der Kreditinstitute sind der Ansicht, daß das Internet weniger wichtig für die Kundenbindung ist. Keines der antwortenden Kreditinstitute bezeichnet das Internet als unwichtig für die Kundenbindung.

Die Verteilung der Antworten wird in der unten abgebildeten Grafik verdeutlicht:

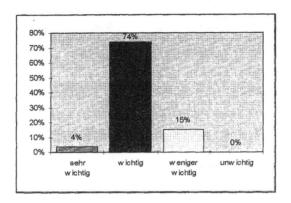

Abbildung 16: Zukünftige Bedeutung des Internet für die Kundenbindung
Quelle: Eigene Grafik

Die Antworten decken sich mit den allgemeinen Zielen des Electronic-Banking, da das hauptsächliche Ziel des Einsatzes des Electronic-Banking beim Kunden das Erreichen einer Kundenbindung oder einer erhöhten Kundenbindung ist.
Da über das Internet zudem neue und innovative Produkte vertrieben werden können, können die Kreditinstitute damit einen Wettbewerbsvorsprung sowie einen Imagegewinn gegenüber anderen Kreditinstituten erzielen, der allerdings nur für kurze Zeit zu realisieren ist, da die Mitbewerber am Markt bei erfolgreicher Einführung unmittelbar nachziehen werden.[73]

3.5.9 Angaben zur Abwicklung des Zahlungsverkehrs im Internet

---

[73] Vgl.: Buschkühl, M., Zahlungsverkehr III, o. J.: S. 13

Die Frage 12 behandelt das Thema der Durchführung des Zahlungsverkehrs im Internet. Es soll durch diese Frage ermittelt werden, wieviel Kreditinstitute in der nächsten Zeit bereit sind, den Zahlungsverkehr auch im Internet durchzuführen.

Die Frage 12 lautet: „Wird es in Ihrem Kreditinstitut bis zum Ende des Jahres 1997 die Möglichkeit geben, auch über das Internet den Zahlungsverkehr abzuwickeln?"
Zu beantworten war die Frage mit „ja" oder „nein".

15 (=55,6%) Kreditinstitute beantworteten die Frage mit „ja", 8 (=29,6%) Kreditinstitute antworteten mit „nein", 4 (=14,8%) konnten diese Frage noch nicht beantworten.

Die Verteilung der Antworten wird in der folgenden Abbildung visualisiert:

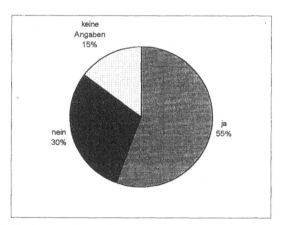

Abbildung 17: Zahlungsverkehr über Internet
Quelle: Eigene Grafik
Mehr als die Hälfte der Kreditinstitute sind also bereit, den Zahlungsverkehr über Internet durchzuführen und nur 29,6% lehnen den Zahlungsverkehr innerhalb des Internet ab.
Unterteilt nach der Anzahl der Filialen sieht das Ergebnis folgendermaßen aus:

70% (absolut 7) der Kreditinstitute mit über 100 Filialen sind dazu bereit, den Zahlungsverkehr über das Internet abzuwickeln, 66,7% (absolut 4) der Kreditinstitute mit über 50 bis 100 Filialen, 16, 7% der Kreditinstitute mit über 20 bis 50 Filialen und 33,3% (absolut 2) der Kreditinstitute mit bis zu 20 Filialen. Es ist auffällig, daß die Bereitschaft mit der Anzahl der Filialen sinkt. Das Ergebnis deutet darauf hin, daß Kreditinstitute mit einer großen Anzahl von Filialen in der Abwicklung des Zahlungsverkehrs über das Internet, Einsparungsmöglichkeiten sehen, auf mittlere Sicht vielleicht auch auf die Einsparung von Filialen.

Die insgesamt große Bereitschaft, den Zahlungsverkehr über das Internet abzuwickeln, deutet darauf hin, daß die Kreditinstitute Vorbereitungen treffen wollen, sich dem wachsenden Konkurrenzdruck zu entziehen, der vor allem aus Übersee heranwächst.

Weiterhin scheinen die Kreditinstitute mit einer schnellen Lösung des Sicherheitsproblems innerhalb des Internet zu rechnen.

3.5.10 Direkte Auswirkungen der Informationstechnologie auf die Filialstruktur

Die vorletzte Frage des Fragebogens, Frage Nr. 13, befaßt sich mit dem Thema der direkten Auswirkung durch die neue Informationstechnologie: „Wie wird sich das Online-Banking im Internet in Zukunft auf die Filialstruktur Ihres Kreditinstituts auswirken?"

Zur Auswahl standen den befragten Kreditinstituten hier 3 mögliche Antworten sowie das Feld „andere", das dazu dient, den Befragten betriebsspezifische andere Möglichkeiten anzugeben.

Die vorgegebenen Antworten sind:

- keine Auswirkungen
- Schließung von Filialen

- Notwendigkeit der Umstrukturierung der bisherigen Filialstruktur
- andere

Von den 27 antwortenden Kreditinstituten gaben 15 an (=55,6%), daß das Online-Banking im Internet keine Auswirkungen auf die Filialstruktur ihres Kreditinstituts haben wird, 1 (=3,7%) Kreditinstitut rechnet mit der Schließung von
Filialen, 8 (= 29,6%) Kreditinstitute antworteten auf die Frage, daß eine Umstrukturierung der bisherigen Filialstruktur notwendig sein wird. 4 (=14,8%)
Kreditinstitute konnten auf diese Frage nicht antworten.
Zur Verdeutlichung der Verteilung der Antworten dient die nachfolgende Grafik:

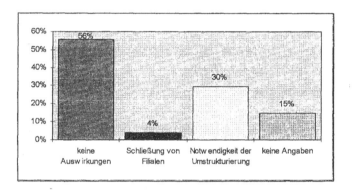

Abbildung 18: Auswirkung des Online-Banking auf die Filialstruktur der Kreditinstitute

Quelle: Eigene Grafik

Die Antworten zeigen, daß etwa ein Viertel der antwortenden Kreditinstitute mit
einer Umstrukturierung rechnet, um eine Senkung der Kosten zu erreichen. Der
weitaus größte Teil der Kreditinstitute rechnet mit keinen direkten Auswirkungen auf die Filialstruktur.
Aufgrund der sich verringernden Margen werden die deutschen Banken ihren
Vertriebsweg ändern und damit auch die Filialstruktur.

Einen Hinweis auf die Kostenstrukturen der Kreditinstitute bieten die Verwaltungskosten der Kreditinstitute. Ende 1992 lag diese Kennziffer bei den Sparkassen bei 2,29%, bei den Genossenschaftsbanken bei 2,67% und bei den Großbanken bei 2,22%. Bei drei Direktbanken lag der Anteil des Verwaltungsaufwandes nur bei 2%. Die Allgemeine Deutsche Direktbank erreichte sogar einen Quotienten von 1,35% und konnte somit den Vergleichswert der übrigen Kreditinstitute um 40% unterschreiten.[74]

Die Gefahr von Schließungen von Filialen scheint aber von den antwortenden Kreditinstituten unterschätzt worden zu sein. Der Direktvertrieb mittels elektronischer Medien wird sich aus Kundensicht immer mehr zu einer Alternative zum Vertriebsweg Filiale entwickeln.

Außerdem ist die Bankendichte mit 1400 Einwohnern pro Bankenstelle in Westdeutschland im internationalen Vergleich sehr hoch.[75]

So hat die Deutsche Bank angekündigt, ihr Personal bis zum Jahr 2000 um 25% zu verringern. Die Zahl der Zweigstellen im genossenschaftlichen Sektor hat sich in den vergangenen Jahren jährlich um 200 bis 300 Zweigstellen verringert.[76]

3.5.11 Sicherheitsmechanismen im Internet

Die letzte Frage des Fragebogens befaßt sich mit den Sicherheitsmechanismen, die den Zahlungsverkehr innerhalb des Internet vor Mißbrauch schützen sollen. Die folgende Frage wurde gestellt:

„Welche Sicherheitsmechanismen wird Ihr Kreditinstitut einführen, um den Zahlungsverkehr innerhalb des Internet vor Mißbrauch zu schützen?"

Auch bei dieser Frage standen wieder mehrere Antworten zur Verfügung. Eine Mehrfachnennung war möglich. Das Feld „andere" sollte den Kreditinstituten wieder die Möglichkeit geben, auf betriebsspezifische Lösungen hinzuweisen. Die verschiedenen Antwortmöglichkeiten lauten:

---

[74] Vgl.: o. V., Für jeden Geschmack, 1996: S. 7
[75] Vgl.: Sieweck, J., Banken, 1996: o. S.
[76] Vgl.: BVR (Hrsg.), Telekommunikation und Bankgeschäft, o. J.: o. S.

- Digitale Unterschrift
- Teilnehmerauthentifikation
- Integritätsmechanismen
- Trust Center
- Private-Key-Verfahren
- Public-Key-Verfahren
- andere

Die Verteilung der Antworten sieht folgendermaßen aus:

Die Mehrzahl der antwortenden Kreditinstitute haben offensichtlich noch nicht über die einzusetzenden Sicherheitsmechanismen entschieden, da sie entweder in das Feld „andere" eingetragen haben, daß zu dieser Frage noch keine Antwort möglich sei oder aber diese Frage offen gelassen haben. Die Anzahl der Kreditinstitute, die so auf diese Frage geantwortet haben beträgt 14 (=51,9%).

6 (=22,2%) Kreditinstitute wollen die Digitale Unterschrift als Sicherheitsmechanismus einführen, 5 (=18,5%) die Teinehmerauthentifikation, 2 (=7,4%) den Integritätsmechanismus, 6 (=22,2%) das Private Key Verfahren, 7 (=25,9%) das Public Key Verfahren. 1(=3,7%) Kreditinstitut gab an, den MeChip als Sicherheitsmechanismus einzuführen, 1(=3,7%) weiteres beabsichtigt, eine Firewall einzusetzen, 1 (=3,7%) Kreditinstitut will die Chipkarte einsetzen und 2 (=7,4%) Kreditinstitute gaben, an das HBCI (Homebanking Computer Interface) einsetzen zu wollen. Keines der Kreditinstitute beabsichtigt, ein Trust Center einzusetzen.

Die Verteilung der Antworten wird in der folgenden Abbildung verdeutlicht:

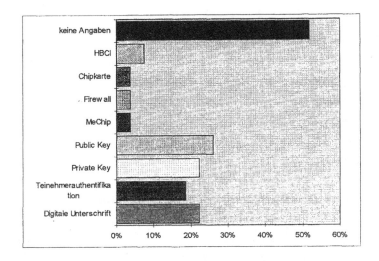

Abbildung 19: Sicherheitsmechanismen

Quelle: Eigene Grafik

So vielfältig, wie die verschiedenen Sicherheitsmechanismen sind, so vielfältig sind auch die Antworten auf die Frage nach den Sicherheitsmechanismen. Offensichtlich herrscht über diese Frage bei den Kreditinstituten noch eine gewisse Unsicherheit oder Unentschlossenheit.

3.6 Zusammenfassung der Ergebnisse

1. Nur ein geringer Teil der Kreditinstitute setzt noch keine elektronischen Kommunikationskanäle ein.
2. Kreditinstitute mit einer großen Anzahl von Filialen setzen zu einem größeren Anteil elektronische Kommunikationskanäle zum Vertrieb von Dienstleistungsprodukten ein, als solche mit weniger Filialen.
3. Das Internet wird beim Vertrieb von Dienstleistungsprodukten von Kreditinstituten mit vielen Filialen häufiger eingesetzt als von Kreditinstituten mit wenigen Filialen.

4. Der Großteil der Kreditinstitute nutzt das Internet fast ausschließlich zu Informations- und Werbezwecken, die direkt im Zusammenhang mit dem jeweiligen Kreditinstitut stehen.

5. Alle antwortenden Kreditinstitute planen, sich im Internet zu engagieren, was einen deutlichen Trend in Richtung Internet für die deutsche Kreditwirtschaft markiert.

6. Betrachtet man die Kreditinstitute im Hinblick auf die Anzahl ihrer Filialen, so fällt auf, daß Kreditinstitute mit vielen Filialen früher dazu bereit sind, das Internet einzusetzen.

7. Die Mehrheit der Kreditinstitute hat erkannt, daß das Internet für den Vertrieb von Finanzdienstleistungsprodukten ideal nutzbar ist.

8. Etwa die Hälfte der Kreditinstitute geht davon aus, daß sie mit Hilfe des Internet ihre Marktposition ausbauen können.

9. Dreiviertel der befragten Kreditinstitute betrachten das Internet als sehr wichtig, bzw. wichtig für die Kundenbindung.

10. Mehr als die Hälfte der Kreditinstitute wollen den Zahlungsverkehr über Internet durchführen und nur ein geringer Teil lehnt den Zahlungsverkehr innerhalb des Internet ab.

11. Auffällig ist , daß die Bereitschaft zur Abwicklung des Zahlungsverkehrs innerhalb des Internet mit der Anzahl der Filialen sinkt.

12. Etwa ein Viertel der antwortenden Kreditinstitute rechnet mit einer Umstrukturierung der eigenen Filialstruktur, um eine Senkung der Kosten zu erreichen. Der weitaus größte Teil der Kreditinstitute rechnet mit keinen direkten Auswirkungen auf die Filialstruktur.

13. Die Mehrzahl der antwortenden Kreditinstitute haben sich noch nicht über die einzusetzenden Sicherheitsmechanismen entschieden.

14. Über die Frage der einzusetzenden Sicherheitsmechanismen herrscht bei den Kreditinstituten noch eine gewisse Unsicherheit , bzw. Unentschlossenheit.

4 Die Chipkarte unter besonderer Berücksichtigung ihrer Funktion als elektronische Geldbörse

Der Zahlungsverkehr erlebt nach dem Siegeszug der Kreditkarten in der jüngeren Vergangenheit möglicherweise durch die Einführung der Chipkarte und das beschleunigte Vordringen moderner Selbstbedienungsgeräte eine neue Entwicklungsstufe.

Z. Zt. gibt es in Deutschland etwa 10 Millionen Kreditkarteninhaber. In den letzten Jahren hat sich ihre Zahl sehr dynamisch entwickelt, und sie wird auch in den kommenden Jahren deutlich ansteigen. Für den Karteninhaber ist es nahezu normal, größere Käufe mit der Kreditkarte zu begleichen. Etwa 300.000 Geschäfte, Hotels, Restaurants und Tankstellen stehen dem Inhaber einer Eurocard allein in Deutschland zur Verfügung, weltweit sind es ungefähr 12 Millionen.

Die eurocheque-Karte ist mit 36,5 Millionen ausgegebenen Karten das am weitesten verbreitete Zahlungsmedium. Dazu kommen noch über 14 Millionen S-cards und Bankkundenkarten.[77] Auch die Anzahl der Händler, die das Angebot des sicheren und bequemen Bezahlens per Karte als selbstverständlichen Dienst am Kunden betrachten, hat stark zugenommen. Teilweise haben sich die Händler für das POZ - System entschieden; der größere Teil der Transaktionen und des Umsatzes wird jedoch über das electronic-cash-System abgewickelt. Diesem sehr erfolgreich arbeitenden System steht der Handel aufgrund der hohen Kosten teilweise noch mit Bedenken gegenüber.

Es fällt schließlich auf, daß ein branchenübergreifendes System zur Abwicklung von Kleinbetragszahlungen bislang noch nicht flächendeckend zur Verfügung steht.

---

[77] Vgl.: Berndt, H., GeldKarte, 1995: o. S.

Hieraus ergeben sich die strategischen Aufgaben, wie Kostensenkung im electronic cash-Bereich zur Akzeptanzverbesserung und Einführung eines kartengestützten Zahlungssystems für Kleinbeträge, das allerdings nicht mehr auf der Basis des Magnetstreifens beruhen wird.

Folgerichtig gab der Zentrale Kreditausschuß im Mai 1995 bekannt, daß ab Ende 1996 alle im Umlauf befindlichen eurocheque-Karten sukzessive mit einem Chip ausgestattet werden.[78]

Dieses neue Zahlungssystem soll von Beginn an eine breite Kartenbasis und eine breite Akzeptanzstellenbasis erhalten. Die Chips, mit denen die eurocheque- und teilweise auch die Bankkundenkarten ausgestattet werden, werden entsprechend programmiert. Darüber hinaus wird es sogenannte Wertkarten geben, die nur die Funktion Geldkarte enthalten, wodurch die Kunden der deutschen Kreditinstitute die Möglichkeit erhalten sollen, flächendeckend die elektronische Geldbörse nutzen zu können.[79]

Eurocheque-Karten oder Kreditkarten mit einem intelligenten Computerchip auszustatten wurde bereits in den 80er Jahren ernsthaft diskutiert. Inzwischen sind die Computerchips kleiner geworden und die Marktanforderungen haben sich gewandelt. Die neue Technologie ist durch die größeren Flexibilisierungsmöglichkeiten, die der Chip bietet, wichtig geworden für alle Kartenzahlungssysteme der Kreditwirtschaft.

Am Beginn der Entwicklung einer elektronischen Geldbörse wurde von der deutschen Kreditwirtschaft erkannt, daß nur eine universelle, branchenübergreifende Geldbörse vom Markt akzeptiert werden würde. Alle Verbraucher bzw. Handels- und Dienstleistungsunternehmen sind Zielgruppe der elektronischen Geldbörse als neuem Massenzahlungssystem.[80]

---

[78] Vgl.: Berndt, H., GeldKarte, 1995: o. S.
[79] Vgl.: Martin, A., Auswirkungen, 1996: S. 35 f.
[80] Vgl.: Martin, A., Auswirkungen, 1996: S. 32 ff.

In der württembergischen Region Ravensburg/Weingarten wird die Geldkarte als „Feldversuch im Echtbetrieb"[81] einen vorgezogenen Systemstart erleben. Hierfür wurde bereits im Dezember 1995 mit der Kartenproduktion begonnen.

4.1   Definition

Für diese Arbeit ist es erforderlich, zu definieren, was mit „Chipkarte" gemeint ist, denn eine Karte mit einem Mikroprozessorchip stellt für sich genommen noch keine Anwendung dar. Vielmehr ist das Akzeptanzsystem wichtig, in dem die Chipkarte eingesetzt werden soll. Aus dem Akzeptanzsystem ergibt sich erst, welche Dienstleistungen mit Hilfe der Chipkarte überhaupt bereitgestellt werden sollen, denn ein Chip auf einer reinen Ausweiskarte leistet etwas völlig anderes, als ein Chip, der bei electronic-cash POS-Verfügungen autorisiert.
In der Kreditwirtschaft spielt vor allem der Einsatz der Chipkarte beim bargeldlosen Zahlungsverkehr eine große Rolle.

Mit dem Begriff elektronische Geldbörse oder Chipkarte, ist in dieser Arbeit ein Instrument zur bargeldlosen Zahlung in Kleingeldumgebungen gemeint.
Dieses Instrument ist eine Plastikkarte, die mit einem Mikroprozessorchip ausgestattet ist, in dessen Speicherbereich ein bestimmter Betrag gegen Bezahlung geladen werden kann. Die auf dem Chip geladenen Geldeinheiten dienen der Zahlung von Waren und Dienstleistungen im Handel und können dort von der Karte abgebucht werden.

4.2   Gründe für den Einsatz der elektronischen Geldbörse

Auf den ersten Blick überrascht der geplante flächendeckende Einsatz der Chipkarte, da electronic-cash sich so erfolgreich etabliert hat und man sich die

---

[81] Vgl.: o. V., Die Chipkarte, 1995: o. S.

Frage stellt, warum ein so erfolgreiches, auf Magnetstreifenbasis beruhendes System überhaupt durch ein Chipkartensystem ergänzt werden muß.

Die Magnetstreifentechnologie, die eine wesentliche Grundlage für die heute in Gebrauch befindlichen POS- und Geldautomatensysteme ist, hat das Ende ihrer Innovationsfähigkeit erreicht. Die kartengestützten Zahlungssysteme stehen gleichzeitig unter hohem wirtschaftlichen Druck. Gründe hierfür sind unter anderem zunehmende Schäden durch Mißbrauch, steigenden Wettbewerbsdruck innerhalb der Kreditwirtschaft und außerdem der Wunsch, durch das Angebot zusätzlicher Dienstleistungen neue Ertragsquellen zu erschließen.

Da die Zahlung aus der Chipkarte, im Gegensatz zu electronic-cash immer offline ohne PIN-Prüfung erfolgt, führt der Verzicht auf die PIN-Tastatur und die fehlende Online-Anbindung der Terminals zu deutlich niedrigeren Systemkosten für die teilnehmenden Händler, so daß auch der Einsatz in typischen Münzgeldumgebungen interessant wird.[82]

Insbesondere bei solchen Dienstleistern, die z.B. Getränke- und Verpflegungsautomaten betreiben, in Parkhäusern und im öffentlichen Nahverkehr, bei denen viel mit Münzgeld bezahlt wird, dürfte sich die Beteiligung an der elektronischen Geldbörse der Kreditwirtschaft lohnen. Durch die elektronische Geldbörse können in diesen Bereichen Einsparungen bei den Terminalkosten, durch den Wegfall von Netzbetreiber- und Kommunikationskosten sowie hohe Einsparungen im Bargeld-Handling und durch die Vermeidung von Vandalismusschäden erreicht werden.

Schäden durch Mißbrauch spielen vor allem bei Kreditkartensystemen auf nationaler, wie auch auf internationaler Ebene eine große Rolle. Eine wirtschaftliche Rechtfertigung ist in einzelnen Ländern schon allein aus dem Rückgang der aus dem Mißbrauch hervorgehenden Schäden gegeben. Die Ziele der

---

[82] Vgl.: Haniel, F., Geldbörsenfunktion, 1995: S. B4

Mißbrauchsbekämpfung und der verbesserten Steuerung des Bonitätsrisikos stehen dementsprechend im Mittelpunkt.

Die nationalen Akzeptanzsysteme sind bereits heute besonders gegen Mißbrauch geschützt. Somit ergibt sich aus der Reduktion von mißbräuchlichen Verfügungen allein keine Rechtfertigung für den Einsatz des Chips auf deutschen eurocheque-Karten. Allerdings werden die eurocheque-Karten zunehmend außerhalb Deutschlands eingesetzt.

Ein weiterer wichtiger Grund für den Einsatz der Chipkarte ist der steigende Wettbewerbsdruck im Zahlungsverkehr. Dieser ist zur Zeit im kartengestützten Zahlungsverkehr ohnehin schon hoch, da eine Reihe neuer Marktteilnehmer aus dem Nichtbanken-Bereich die Ausgabe eigener Kartenprodukte starten. Die Ausgabe erfolgt aus verschiedenen Gesichtspunkten. Bei einzelnen geht es um die Verbesserung der Kundenbindung, bei anderen um die Erzielung von Cross-Selling-Effekten oder einfach nur um die Reduktion des Bargeld-Handling.

Innerhalb der Kreditwirtschaft besteht ein direkter Zusammenhang mit dem bestehenden Wettbewerbsdruck und dem Ziel, über die Integration zusätzlicher Leistungen in ein und dieselbe Karte die Durchschnittskosten zu senken und Möglichkeiten der Produktdifferenzierung im Wettbewerb zu erschließen.[83]
Außerdem ist die Kreditwirtschaft an einer möglichst flächendeckenden Akzeptanz durch die Kunden interessiert, da dadurch der Service für die Kunden verbessert, andererseits auch der Rationalisierungsaspekt des Zahlungsverkehrs berücksichtigt wird.

---

[83] Vgl.: Cimiotti, G., Chips, 1995: S. 62 f.

4.3   Systemaufbau der elektronischen Geldbörse

Der Chip der elektronischen Geldbörse bietet zunächst zwei Möglichkeiten: zum einen ist das electronic- cash offline, zum anderen die Funktion GeldKarte.

Das electronic-cash offline-Verfahren stellt eine Modifizierung des aktuellen Verfahrens dar, da hierbei im Chip der Karte ein offline-Verfügungsrahmen gespeichert wird.

GeldKarte ist der Name für die neue, branchenübergreifende offene Geldbörse. Der Inhaber einer GeldKarte hat die Möglichkeit, einen frei wählbaren Betrag in den Chip aufzuladen.

Der maximale Inhalt dieser elektronischen Geldbörse wurde auf 400,- DM festgesetzt. Aufgeladen werden kann die GeldKarte zunächst an Ladeterminals, die in Banken und Sparkassen zur Verfügung stehen werden. Der Ladevorgang erfordert, wie bei einer normalen Bargeldabhebung am GAA, die Eingabe einer PIN. Auf der Grundlage einer online Autorisierung erfolgt die Aufladung der Chipkarte sowie die gleichzeitige Belastung des Girokontos mit dem geladenen Betrag.

Der Bezahlvorgang erfolgt jedoch stets ohne PIN oder Unterschrift und offline. Der Betrag wird am Händlerterminal von der GeldKarte abgebucht und der Datensatz durch ein separates Sicherheitsmodul, die sogenannte Händlerkarte, kryptographisch abgesichert und im Terminal gespeichert. Bei Börsentransaktionen[84] übergibt die Händlerkarte die Händlerkartennummer und die Händlerkartentransaktionsnummer an die Börsenkarte. Im Buchungsdatensatz erfolgt durch die Berücksichtigung dieser Daten eine eindeutige Kennzeichnung aller Transaktionen.

Betätigt der Händler eine Kassenschlußfunktion, so kann er die Umsätze gebündelt zugunsten eines von ihm benannten Kontos bei seiner Hausbank einreichen. Kosten entstehen dem Händler für die Bereitstellung des Systems und Übernahme der Zahlungsgarantie durch die Kreditwirtschaft in Höhe von 0,3% des Umsatzes, bzw. von 0,05 DM pro Transaktion.[85]

---

[84] gemeint sind Transaktionen mit Hilfe der Chipkarte in Funktion der elektronischen Geldbörse
[85] Vgl.: Martin, A., Auswirkungen, 1996: S. 34 f.

Verkürzt beschrieben erfolgt der Zahlungsvorgang wie folgt:

- Erwerb einer Chipkarte mit der Funktion elektronische Geldbörse
- Aufladen der Geldbörse an einer Aufladestation mit dem gewünschten Betrag
- Zahlen mit der Geldbörse an einer Aufladestation an Automaten/Abbuchungsterminals
- Wiederaufladen der Karte
- Rückgabe einer defekten oder nicht mehr benötigten Karte

4.3.1 Terminals

Bei den Terminals unterscheidet man die sogenannten Kaufterminals, Ladeterminals, Bankenterminals und Kundenterminals.

Die **Kaufterminals** dienen zur Abwicklung der Kommunikation zwischen Börsenkarte und Händlerkarte sowie zur Speicherung und Bereitstellung von Einzelumsätzen bei der Weiterleitung von Umsätzen an die Evidenzstelle (Rechenzentrum).

Die **Ladeterminals** übernehmen die Online-Kommunikation zwischen der Börsenkarte und dem jeweils für die eingesetzte eurocheque-Karte eingesetzten Autorisierungssystem. Die Ladeterminals kommunizieren nicht direkt mit dem Autorisierungssystem der Kreditwirtschaft, sondern in einer dem electronic cash System oder Geldautomatensystem analogen Netzstruktur. Anfragen über Börsenaufladungen werden vom Ladeterminal-Netzbetreiber an die zuständigen Autorisierungssysteme weitergeleitet.
Die Ladeterminals können, neben dem Aufladen der elektronischen Geldbörse, den verfügbaren Betrag sowie die Anzeige der letzten in der Karte gespeicherten Transaktionen übernehmen.

Die **Bankenterminals** dienen der Bank zur Überprüfung der Karten und auch zur möglichen Reparatur. An diesen Terminals werden ausschließlich institutseigene Karten verwendet.

Die **Kundenterminals** dienen der Anzeige des noch verfügbaren Betrages sowie der letzten getätigten Transaktionen, die in der Karte gespeichert sind.[86]

Die Verrechnung erfolgt über sogenannte Evidenzzentralen, die von den teilnehmenden Instituten beauftragt werden. Die Evidenzzentralen sind im Auftrag

der kartenausgebenden Institute und der Händlerinstitute tätig. Die Evidenzzentralen nehmen Einzeltransaktionen von den Händlern an und prüfen die eingereichten Umsätze vor Erteilung der Gutschrift in einem aufwendigen kryptologischen Verfahren auf ihre Echtheit.

Sollte die Erstellung einer vollständigen Umsatzdatei nicht mehr möglich sein, z. B bei Beschädigung der Händlerkarte, sollen die Evidenzzentralen in der Lage sein, die im Terminal gespeicherten Einzeltransaktionen zu verarbeiten.

Aus den eingereichten Einzeltransaktionen errechnen die Evidenzzentralen die Lastschriften für die Börsenverrechnungskonten (das sind die Girokonten der jeweiligen Karteninhaber) sowie Gutschriften für die Gutschriftskonten.

In jedem Verbandsbereich der deutschen Kreditwirtschaft wird mindestens eine Evidenzzentrale eingerichtet .

Die Chipkarten sind nicht unbegrenzt gültig. Sie können bis zu ihrem Laufzeitende beliebig oft aufgeladen werden. Bei Erreichen des Laufzeitendes wird das nicht ausgegebene Restguthaben von der kartenausgebenden Bank zurückerstattet.[87]

Die „leeren" Karten wird man an Automaten, Verkaufsshops oder direkt bei den Aufladungsstationen erhalten. Hierbei können reine Geldkarten oder multifunktionale Chipkarten mit integrierter Geldbörsenfunktion verwendet werden.

---

[86] Vgl.: Krauße, M., Systemüberblick, 1995: S. 2 ff, Glade, A., Start frei, 1996: S. 11
[87] Vgl.: Martin, A., Auswirkungen, 1996: S. 34 f.

Mit der aufgeladenen Geldbörse, die auch als Prepaid Card bezeichnet wird, kann der Benutzer überall dort bezahlen, wo die technischen Voraussetzungen gegeben sind. Der zu zahlende Betrag wird vom Guthaben in der Geldbörse von den entsprechenden Automaten abgebucht (z. B. in Bussen, Straßenbahnen, usw.), die einen Chipkartenleser haben. Für die spätere Verrechnung mit dem entsprechenden Dienstleistungsunternehmen wird ein Datensatz erstellt, der im Abbuchungsterminal und im Transaktionsspeicher der Karte gespeichert wird.[88]

Für den Karteninhaber besteht die Möglichkeit, seine Umsätze jederzeit über einen sogenannten Taschenleser nachzuvollziehen. In diesem Taschenleser werden die letzten 15 Transaktionen gespeichert und ermöglichen so eine lückenlose Kontrolle der individuellen Ausgaben. Außerdem wird jede Karte in einer der Evidenzzentralen, die auch als Rechenzentrum bezeichnet werden, überwacht. Die Evidenzzentralen erhalten Mitteilungen über die Höhe der Ladebeträge und der Umsätze. Mit Hilfe dieser Daten kann ein sogenannter Schattensaldo berechnet werden, der es ermöglicht, versuchte Eingriffe in das System (z. B. unberechtigte Aufladungen), zu erkennen. Außerdem besteht dadurch die Möglichkeit, den Börseninhalt zu erstatten, sollte eine Fehlfunktion des Chips oder eine Fehlfunktion des Händlerterminals bestehen.

Der Chip der GeldKarte bietet auch die Möglichkeit, weitere Funktionen auf dem verbleibenden Speicherplatz zu implementieren. Dieser könnte z. B. als Speicherplatz für elektronische Fahrscheine des ÖPNV oder für Ein/Ausfahrtsfunktionen von Parkhäusern genutzt werden. Auch als sicheres Zahlungsmedium in Computernetzen wie dem Internet, ist die Chipkarte einsetzbar.

---

[88] Vgl.: Kruse, D., Geldbörse,1993: S. 58 ff.

4.4   Systemabläufe

4.4.1   Ablauf einer Kauftransaktion am Börsenterminal

Der Kauf an einem Börsenterminal erfolgt immer offline. Die Kontrolle erfolgt durch die Händlerkarte. Das Terminal ist Schnittstelle zum Kunden und dient der Übermittlung von Informationen zwischen Kunden - und Händlerkarte. Eine Kauftransaktion am Börsenterminal läuft wie folgt ab:

* Der Kaufbetrag wird gegenüber dem Kunden angezeigt.

* Der Kunde bestätigt den Kaufbetrag und steckt seine Karte in das Börsenterminal.

* Die Börsenanwendung auf der Börsenkarte wird durch das Terminal selektiert.

* Die Kartenidentifikationsdaten werden vom Terminal gelesen und die erforderlichen Plausibilitätsprüfungen werden durchgeführt.

* Die Kartendaten, der aktuelle Börsenbetrag und der Kaufbetrag werden an die Händlerkarte übergeben.

* Die übergebenen Daten werden auf Plausibilität geprüft. Außerdem wird geprüft, ob der aktuelle Betrag der Börse ausreichend zum Zahlen des Kaufbetrages ist. Anschließend erhält die Börsenkarte von der Händlerkarte ein Kommando zur Abbuchung des angefragten Betrages.

* Der aktuelle Betrag der Börse wird von der Börsenkarte um den Transaktionsbetrag reduziert, ein Datensatz wird generiert, der die Transaktionsdaten beinhaltet. Der generierte Datensatz wird mit einem Echtheitszertifikat der Börsenkarte an die Händlerkarte übergeben und zum auf der Händlerkarte

gespeicherten Saldo addiert. Die Händlerkarte generiert ein eigenes Zertifikat, das dem Buchungssatz angehängt wird. Der nun gesicherte Transaktionssatz wird im Terminal anschließend gespeichert.

- Dem Karteninhaber wird durch das Terminal der Abschluß der Kauftransaktion angezeigt.

- Die Börsen - und Händlerkarte authentisieren sich beide als echte Karten, da eine gesicherte Kommunikation stattgefunden hat. [89]

In der folgenden Abbildung wird der Autorisierungsablauf beim Bezahlen mit einer Chipkarte dargestellt:

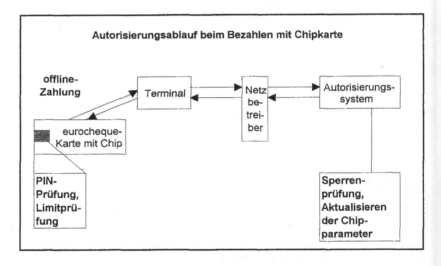

Abbildung 20: Autorisierungsablauf beim Bezahlen mit Chipkarte

Quelle: Rodewald, B., Karten, 1994, S. 6

---

[89] Vgl.: Krauße, H., Systemüberblick, 1995: S. 13 f.

4.4.2 Ladevorgang

Um die Karte aufladen zu können, muß eine Online-Verbindung zum Autorisierungssystem des kartenausgebenden Instituts bestehen. Der Karteninhaber
teilt mit, welchen Betrag er auf seiner Börsenkarte aufladen möchte. Bei positi-
ver Autorisierungsantwort erfolgt ein Heraufsetzen des Saldos der Börse.

Grundsätzlich ist zum Aufladen einer Börse eine End-to-End-Authentifikation
zwischen der Börsenkarte und dem Authentisierungssystem erforderlich. Beim
kartenausgebenden Institut führt der Ladevorgang automatisch zu einer Abbuchung vom Kundenkonto zugunsten des Börsenverrechnungskontos.

4.5 Technische Daten der Chipkarte

Gegenüber der herkömmlichen Magnetstreifenkarte bietet die Chipkarte eine
deutlich höhere Speicherkapazität. ISO-Magnetstreifen[90] besitzen eine frei
verfügbare Speicherkapazität von insgesamt 1 KBit. Speicherkarten hingegen
haben eine Kapazität von 8 KBit und Prozessorkarten von bis zu 64 KBit.[91] Die
Chipkarten zeichnen sich durch eine hohe Fälschungssicherheit aus. Dies wird
durch ein strenges Verteilsystem der Chips sichergestellt, wodurch keine Kar-
tenduplikate durch Unberechtigte hergestellt werden können. Von den Halb-
leiterherstellern ist jedem Kartenhersteller ein Herstellercode zugeordnet, der
bereits bei der Halbleiterproduktion unveränderlich in den Speicher des Chips
geschrieben wird. Das so gekennzeichnete Produkt wird von den Chipherstel-
lern an den jeweiligen Kartenhersteller geliefert, genauso verhält es sich zwischen Kartenhersteller und Kartenanwender. Durch dieses doppelte Siche-
rungsverfahren wird ein Sicherheitslevel erreicht, der mit Magnetstreifenkarten
nur unter hohem technischen Aufwand erreicht werden könnte.

---

[90] ISO = International Standardisation Organisation
[91] Vgl.: Jejina, I., Zukunft, 1994: S. 13

Neben der Chiptechnologie ist die Kartentechnologie sehr wichtig, da die Karte den starken physischen Belastungen während der Nutzungsdauer gewachsen sein muß.

Der Kartenkörper wird bis heute vorwiegend aus PVC hergestellt. Da PVC aber nicht umweltverträglich ist, fordern die Kartenemittenten vom Kartenhersteller immer häufiger ein schlüssiges, gefahrloses Recycling - Konzept. Inzwischen gibt es einen Trend zu chlorfreien Kartenmaterialien, die den Vorteil einer besseren Temperaturverträglichkeit haben.

Hergestellt werden können die Kartenkörper in drei unterschiedlichen Verfahren:

- Spritzgußtechnik

Der Kartenkörper wird inklusive der Vertiefung für den Chip in eine Form gespritzt, wobei neuere Varianten den Chip gleich in einem Arbeitsschritt mit eingießen. Die Karte wird auf der Oberfläche bedruckt und mit einem Lack gegen mechanischen Abrieb und chemische Ablösung geschützt.

- Laminiertechnik

Die Herstellung des Kartenkörpers erfolgt unter Druck- und Temperatureinwirkung aus mehreren dünnen Folien. Bedruckt wird die innere Folie, die durch eine darüberliegende, transparente Folie vor Abnutzung geschützt wird. Der Chip wird in die eingefräste Vertiefung montiert und mit der Karte verklebt.

- Inmould-Technik/Dekorationstechnik

In diesem Verfahren werden die Vorzüge der bereits genannten Verfahren miteinander verbunden. Hierbei wird eine separat bedruckte Folie zusammen mit dem Chip mit transparentem Kunststoff umgossen. Dadurch erhält man ein

Druckbild, vergleichbar mit dem der Laminiertechnik, zu den niedrigen Kosten der Spritzgußtechnik.

- Aufbau des Chips

Für Chips in Chipkarten gibt es zwei wesentliche Anforderungen, die sie erfüllen müssen. Zum einen ist das die Art der Kommunikation zwischen Chip und Außenwelt, wofür maximal acht Leitungen zur Verfügung stehen. Zum anderen ist der Chip einer Chipkarte größeren mechanischen Belastungen ausgesetzt. Durch seine geringe Größe von 25 qmm besteht eine große Gefahr eines Materialbruchs. Dadurch ergeben sich Einschränkungen in bezug auf die Anzahl der elektronischen Schaltkreise, wodurch Chipkarten zur Zeit eine Speicherkapazität von einigen Kilobytes haben.

Chipkarten haben elektronische nicht-flüchtige Speicher, die ohne Energiezufuhr die in ihnen abgelegten Informationen über einen längeren Zeitraum speichern können.

Das ideale Speichermedium für eine Chipkarte ist ein Electrically Erasable Programmable ROM: EEPROM. Speicherzellen kann man bei dieser Speicherart mit Hilfe von elektrischen Signalen löschen, womit diese Speicherart das ideale Speichermedium für Chipkarten ist. Allerdings ist der Platzbedarf von EEPROM-Zellen groß, so daß keine großen Kapazitäten, aufgrund der Beschränkung der Chipfläche, möglich sind.

Setzt man nun zusätzliche Logikschaltkreise ein, können verschiedene Funktionalitäten im Chip implementiert werden. Eine vorbezahlte Geldbörse läßt sich mit Hilfe eines Zählerchips realisieren, der von einem bestimmten Maximalwert ab rückwärts zählt. Chips, die das Rücksetzen auf den Maximalwert erlauben, ermöglichen das Wiederaufladen einer Wertkarte.

Es gibt auch Chips, die sich mit Hilfe einer PIN-Logik gegen unbefugtes Schreiben schützen können. Auch Leseschutz wird von verschiedenen Speichertypen angeboten. Bei der deutschen Krankenversichertenkarte werden unstrukturierte Speicher verwendet, die beliebig beschrieben, gelesen und gelöscht werden können.

Inzwischen ist es möglich, einen Mikrocontroller (Mikroprozessor mit Ein-/ Ausgabelogik) auf einem einzigen Chip unterzubringen. Dadurch ist man jetzt in der Lage, komplexe Abläufe durch den Prozessor auf der Karte zu steuern.[92]

4.6 Sicherheit der elektronischen Geldbörse

Für die elektronische Geldbörse werden aus Sicherheitsgründen Prozessorchips eingesetzt, auf denen Algorithmen für kryptographische Funktionen gespeichert sind. Mit diesen Prozessorchips können umfangreiche Prozeduren zur Echtheitsprüfung der Karte und zur Vermeidung von Manipulationen durchgeführt werden. Nur zum System gehörende und ordnungsgemäß aufgeladene Chipkarten können zum Zahlen verwendet werden. Dies wird durch folgende Maßnahmen sichergestellt:

• Die Herstellung der Chipkarten erfolgt in einer sicheren Umgebung, die Auslieferung an den Kartenherausgeber erfolgt nur unter strenger Kontrolle. Die lückenlose Verfolgung der Chips vom Hersteller bis zum Anwender wird durch das Verteilsystem, das durch ein Codiersystem geschützt wird, möglich. Gültigkeit erlangen können die Karten nur mit dem richtigen Hersteller- und Transportschlüssel, durch den die Karten gesichert sind. Diese Schlüssel sind in abgeleiteter Form in den Chipkarten und den Sicherheitsmodulen der Endgeräte enthalten. Die Funktion des Key-Management und Personalisierungssystems verläuft weitgehend vollautomatisch.

• Aufgeladen wird die elektronische Geldbörse immer online und nach kryptographischer Authentifikation. Wie bei einer heute üblichen Transaktion im electronic cash wird bei jeder Aufladung eine Autorisierung durchgeführt.

---

[92] Vgl.: Gaal, W., Chipkarte, 1994: S. 10 ff.

Diese Autorisierung kann z. B. die gegenseitige Authentisierung von Karte und Gerät sein, Verschlüsselung der Übertragungswege, Verschlüsselung von Daten, die Erzeugung von Zufallszahlen und so weiter.

- Zur Authentifikation der Karte können komplexe Sicherheitsprüfungen durchgeführt werden, die durch in der Chipkarte integrierte kryptographische Algorithmen ermöglicht werden. Außerdem wird die Integrität der auf- und abgebuchten Beträge durch einen Message Authentication Code gesichert.

- Vorgänge können protokolliert werden.

- Bei der Abbuchung ist die Sicherheitsstufe vom Dienstleistungsanbieter selbst bestimmbar. [93]

Die Betriebssicherheit, bzw. Lebensdauer von Chipkarten ist höher als die der Magnetstreifenkarte. Die Erfahrungen aus dem Telefonwertkartenbereich haben gezeigt, daß die Ausfallrate bei weniger als einer unter tausend ausgegebenen Karten liegt.

Da der Halbleiter nach wie vor eine Schlüsseltechnologie ist, wird den Chipkarten eine sichere, stabile Zukunft sicher sein. Außerdem orientieren sich die Chipkarten an internationalen ISO Standards. Die Interoperabilität zu anderen Anwendungen und die Flexibilität der eigenen Anwendung wird sich mit der weiteren Verbreitung der Chipkartentechnologie und der Verwendung multifunktionaler, erweiterbarer Implementierungen vergrößern.

Weitere Sicherheitsmaßnahmen werden von den Evidenzzentralen übernommen. Die Sicherheitsüberprüfungen der Evidenzzentralen schützen vor folgenden Risiken:

---

[93] Vgl.: Kruse, D., Geldbörse, 1993: S. 61, Gaal, W., Chipkarte, 1994: S. 12. ff.

- Einreichung gefälschter bzw. verfälschter Umsätze

- Mehrfacheinreichung von Umsätzen

- Systemangriffe, wie z. B. autonomes Laden von Börsen ohne vorhergehende Autorisierung

- unberechtigte Reklamationen

Für alle eingereichten Datensätze wird der Summendatensatz der Händlerkarte auf Echtheit überprüft und die Zugehörigkeit aller Einzeltransaktionen zu dem entsprechenden Summendatensatz geprüft. Außerdem wird die Echtheit der Einzeltransaktionen anhand des Kryptogramms der Händlerkarte überprüft. Alle diese Prüfungen erfolgen in geeigneten Sicherheitsboxen.

Die durchgeführten Ladetransaktionen werden mindestens einmal täglich von den Autorisierungssystemen an die entsprechende Evidenzzentrale gemeldet. Dadurch können Systemangriffe aufgedeckt und die Reklamationsbearbeitung defekter Kundenkarten durchgeführt werden, da der aktuelle Saldo der Börsenkarte kartengenau protokolliert wird. Der Saldo wird aus den verrechneten Kauftransaktionen einerseits und den Ladetransaktionen andererseits ermittelt.

Die Evidenzzentralen erhalten auch Zusatzinformationen über nicht erfolgreich beendete Kaufvorgänge. Es könnte z. B. durch ein defektes Terminal zur Belastung einer Kundenkarte, aber nicht zu einer Gutschrift auf der Händlerkarte gekommen sein. Anhand der auf der Kundenkarte gespeicherten Daten und den Daten der zuständigen Evidenzzentrale kann dieser Kaufvorgang nachvollzogen und korrigiert werden.

Fehlerhafte Einreichungen von Händlern in den Zahlungsverkehr sind ausgeschlossen.[94]

---

[94] Vgl.: Krauße, H., Systemüberblick, 1995: S. 10 ff.

4.7 Vor - und Nachteile der elektronischen Geldbörse

Da das electronic-cash-offline-Verfahren durch die Verwendung des multifunk-
tionalen Chips modifiziert wird, kann ein Verfügungsrahmen in Höhe von
1.000,- DM gespeichert werden, wodurch die Möglichkeit besteht, etwa 80%
der Transaktionen offline abzuwickeln.

Zur Zeit muß für jeden Zahlungsvorgang eine Verbindung vom Verkaufstermi-
nal zum Rechenzentrum des kartenausgebenden Instituts hergestellt werden.
Dadurch werden hohe Telekommunikationskosten verursacht, die bei 0,6 -
0,7% des Umsatzes liegen können.[95] Allerdings wird die Chipkarte durch die
erwartete Reduzierung der Transaktionskosten auch für den Lebensmittelein-
zelhandel attraktiv werden.

Weiterhin besteht für den Händler der Vorteil, daß der Geldeingang garantiert
ist, sein Personal entlastet wird (z. B. bei Taxifahrern). Die in den Abbu-
chungsterminals automatisch erstellten Daten fließen in die Buchhaltung ein,
sind bilanzierungsfähig und Grundlage von Statistiken, zum Beispiel zur Kapa-
zitätsermittlung.[96]

Auf Händlerseite besteht weiterhin der Vorteil, daß er bei früher Akzeptanz der
elektronischen Geldbörse einen Imagegewinn gegenüber seinen Konkurrenten
erzielen kann, da er mit der elektronischen Geldbörse seinen Kunden ein inno-
vatives und bequemes Zahlungsmittel bieten kann.

Ein weiterer großer Vorteil ist die Verringerung der Kosten für die Bargeldhal-
tung, da sowohl für die Bereitstellung von Wechselgeld als auch für die Ent-
sorgung von Bargeld hohe Kosten anfallen. Außerdem verringert sich das
Überfall - oder Beraubungsrisiko (u. U. entfällt es sogar bei Automaten).[97]

Für den Privatkunden hat die elektronische Geldbörse den Vorteil, daß sie sehr
einfach zu bedienen ist (weder die Eingabe einer PIN, noch eine Unterschrift

---

[95] Vgl.: o. V., Die Chipkarte, 1995: o. S.
[96] Vgl.: Kruse, D., Geldbörse, 1993: S. 60
[97] Vgl.: Krauße, H., Rundschreiben, 1995: S. 2 ff.

sind notwendig). Da die Geldbörsenfunktion auf der eurocheque-Karte implan-
tiert wird, braucht der Kunde keine weitere Karte mit sich zu führen. Es können
nun auch bargeldlose Zahlungen an solchen Akzeptanzstellen vorgenommen
werden, die bisher nicht für Kreditkarten und electronic-cash in Frage kamen,
da die Durchschnittsumsätze zu gering sind.

Ein weiterer Vorteil gegenüber Bargeld besteht darin, daß kein umständliches
Mitführen von geeigneten Münzen als Wechselgeld, z. B. für Automaten notwendig ist und auch nicht vom Händler herausgegeben wird.

Bedenken gegenüber der elektronischen Geldbörse wurde von seiten der Da-
tenschützer geäußert, da sie befürchten, daß die Chips bzw. die Computerkas-
sen zu viele Informationen über den Kunden und seine Gewohnheiten speichern könnten. Es wäre anhand dieser Daten möglich, Bewegungsprofile oder
„Tagebücher" zu erstellen, die für die Polizei oder das Finanzamt von Interesse
sein könnten.[98]

Auch unter den Händlern ist das Chip-Konzept der deutschen Kreditwirtschaft
nicht unumstritten. Einige Handelsfirmen wie Rewe und Tengelmann sowie
Hersteller von Zigaretten- und Getränkeautomaten wollen das Banken-System
nicht übernehmen, da der Händler ein Entgelt von 0,3% des Warenwertes,
mindestens aber fünf Pfennig pro Transaktion vom Umsatz an das jeweilige
Institut abführen soll.[99]

---

[98] Vgl.: Wittkowski, G., Revolution, 1995: S. 11
[99] Vgl.: Salzbrunn, C., elektronische Geldbörse, 1996: S. 33 f., o. V., Handy mit Schlitz , 1996:
     S. 112

4.8   Einsatzbereiche der Chipkartentechnologie

Das Bezahlen mit Karte war lange Zeit einem kleinen, gut verdienenden Kreis vorbehalten, der damit vor allem höherpreisige Güter bezahlte. Heute besitzen immer weitere Kreise eine Kreditkarte, außerdem sind die eurocheque-Karten nicht mehr ausschließlich Scheck- oder Garantiekarten, sondern ebenfalls Zahlungskarten.

Die Zahlungskarten erobern zunehmend auch den Niedrigpreisbereich, die Beträge sinken bis in den Bereich der Münzgeldzahlung, z. B. bei den Kreditkartentelefonen und bei Versuchen im öffentlichen Personennahverkehr.

Kreditkarten und eurocheque-Karten werden, da sie immer einer bestimmten Person zugeordnet werden können und zu einer nachträglichen Kontoabbuchung führen, auch Identifikations- oder Buchungskarten genannt.

Weiterhin kann man Zahlungskarten als Telefonkarte einsetzen. Diese Form von Karte bezeichnet man dann als Wertkarte oder Prepaidkarte, da sie einer Person und keinem Konto zugeordnet ist, weil sie vorausbezahlt ist. Wertkarten werden außerdem zum Bezahlen von Gebühren der öffentlichen Hand (z.B. Parken, Schwimmbad, Bibliothek, usw.), Gastronomierechnungen, Club-Dienstleistungen, Automaten, Waschsalons, Kopierern, u.v.m. genutzt. Die Prepaidkarten sind vor allem als Substitute für Münzgeld oder kleinere Geldscheine gedacht.

Einsetzbar sind sie auch als Zehnerkarten und als vergleichbare Gutscheine, wie sie schon seit langer Zeit von den unterschiedlichsten Dienstleistern herausgegeben werden.[100]

---

[100] Vgl.: Klein/Kubicek, Vormarsch, 1995: S. 34 ff.

Viele Betriebsausweissysteme haben ihre alten Systeme durch Chipkarten ersetzt. In diesem Fall bezeichnet man die Karten als ID-Karten (ID steht für
Identifikation). Ausgegeben werden diese Karten je nach Sicherheitsanforderungen, teils als Speicherkarte, teils als Prozessorkarte. Es können für Hochsi-
cherheitsanforderungen auch ein komprimiertes Bild oder der Fingerabdruck
des jeweiligen Karteninhabers auf der Karte hinterlegt und beim Identifikations-
vorgang ausgelesen werden, um dann mit den aktuell präsentierten Daten verglichen zu werden.[101]

Der Einsatz der elektronischen Geldbörse ist in geschlossenen oder offenen
Zahlungssystemen möglich.

Von einem geschlossenem Zahlungssystem spricht man, wenn das aus der
Geldbörse abgebuchte Geld nur einem oder einer rechtlich kombinierten Grup-
pe von Serviceanbietern zufließt und dabei nicht unterschieden werden muß,
wer das Geld erhält (z. B. Deutsche Telekom).

Dagegen spricht man von einem offenen Zahlungssystem, wenn es viele
Dienstleistungsanbieter oder Händler gibt, die untereinander keine Rechtsver-
bindung haben müssen. Aus diesem Grund ist bei dem offenen Zahlungssystem ein zentraler Systembetreiber notwendig, der das Clearing (Organisation
und Zahlungsausgleich mit den Serviceanbietern) durchführt.

Die folgende Abbildung gibt eine Übersicht über die unterschiedlichen Kartenarten wieder:

---

[101] Vgl.: Gaal, W., Chipkarte, 1994: S. 16

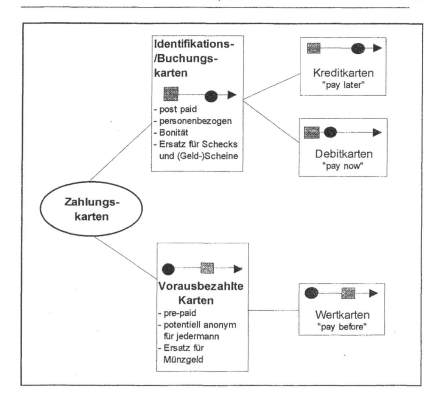

Abbildung 21: Unterschiedliche Kartenarten

Quelle: Klein/Kubicek, Bank Magazin, 1995 S., 36

4.9 Darstellung von zwei Pilottests mit Chipkarten in Ravensburg, bzw. Swindon (England)

4.9.1 Das Ravensburger Chipkarten-Projekt

Der Zentrale Kreditausschuß gab am 23. Mai 1995 bekannt, daß ab Ende des Jahres 1996 alle, sich im Umlauf befindenden eurocheque-Karten sukzessive mit einem Chip ausgestattet werden sollen. Zum Funktionstest der elektroni-

schen Geldbörse wird dem bundesweiten Einsatz ein Akzeptanztest vorge-
schaltet, der seit Anfang März bis September des Jahres 1996 stattfindet. Zur
Durchführung dieses Testes wurde die Region Ravensburg/Weingarten aus-
gewählt.[102] Gründe für die Wahl gerade dieser Region sind das Vorhandensein
aller Bankengruppen (insgesamt 16 Sparkassen und Banken), die überschau-
bare Kunden- und Händlerstruktur, eine Teilnehmerzahl von 100.000 Inhabern
von eurocheque-Karten und Bankkundenkarten, die der gewünschten Testgrö-
ße entspricht. Handel und Gewerbe aller Branchen sind ansässig, es existiert
eine gute Infrastruktur und ein gutes öffentliches Verkehrsnetz. Weiterhin verfügt diese Region über eine überdurchschnittliche Kaufkraft und eine hohe
Verbreitung von electronic-cash im Handel.

Bezahlterminals befinden sich ausschließlich im engeren Umkreis der Stadt-
kerne.

Alle eurocheque-Karteninhaber wurden bis zum Dezember 1995 mit neuen eurocheque-Karten mit integriertem Chip ausgestattet. Zusätzlich wird es für z. B.
Touristen separate Karten geben, die nur mit dem Chip versehen sind.

Ziel dieses Pilotversuches ist das Testen des Zusammenwirkens der verschiedenen Systemkomponenten, die zwar bereits im Labor getestet wurden, aber in
der Region Oberschwaben erstmals unter Echtbedingungen erprobt werden.
Ein weiteres Ziel ist die Prüfung der Akzeptanz der Börse durch die Kunden

und die Händler. Ein Marktforschungsinstitut hat ermittelt, daß 50% der Kunden
am Zahlungsmedium Geldkarte interessiert sind. Für die bereits 1997 geplante
flächendeckende Einführung der Geldkarte will man sich aber nicht nur auf Ab-
sichtserklärungen einlassen.

Auffällig ist der Zeitraum zwischen Pilotversuch und Realisierung der elektronischen Geldbörse, der sehr knapp bemessen ist. Es ist erst in der zweiten Jah-
reshälfte 1996 mit verwertbaren Ergebnissen zu rechnen. Sollten dann noch

---

[102] Vgl.: Salzbrunn, C., elektronische Geldbörse, 1996: S. 32 ff.

nötige Veränderungen am System vorgenommen werden müssen, ist die verbleibende Zeit recht kurz.

Schon seit Juli 1995 versuchen die ortsansässigen Kreditinstitute, den Ravensburgern die GeldKarte näher zu bringen und zwar gemeinsam, da es sich bei diesem Projekt um ein Gemeinschaftsprojekt der deutschen Kreditwirtschaft handelt. Ca. 400 Händler nehmen an der Testphase teil, wobei nahezu die gesamte Bandbreite des ortsansässigen Einzelhandels teilnimmt. Die Teilnehmer am Pilotversuch bekommen die Terminals während des einjährigen Versuchs kostenlos zur Verfügung gestellt, nach Beendigung des Versuchs müssen die Geräte erworben werden. [103]

Die ersten Versuchsergebnisse haben gezeigt, daß innerhalb von drei Monaten mit 9.400 Karten ein Umsatz von ca. 1,5 Mill. DM eingereicht. Der durchschnittlich geladene Betrag der Ravensburger Chipkarten betrug 155,- DM. Kritisiert wurde an diesem Test von seiten des Einzelhandels, daß das Testgebiet nicht repräsentativ sei, da keiner der großen Lebensmittelfilialisten , wie Rewe, Tengelmann oder Edeka am Feldversuch teilgenommen habe. Die vom Kreditgewerbe geforderten 0,3% vom Umsatz sind dem Einzelhandel zuviel. Weiterhin wurde kritisiert, daß es sich nicht um einen echten Test gehandelt habe, da die Kassenterminals den Einzelhändlern kostenlos zur Verfügung gestellt worden seien.

Ein weiteres Manko sei, daß die electronic-cash-offline-Funktion der Chipkarte nicht getestet worden sei. Es fehle außerdem an individuellen Lösungen, wie z. B. an tragbaren Geräten für die Gastronomie, Kiosken und Taxis.[104]

Die Funktionsweise der GeldKarte wurde bereits ausführlich dargestellt (s. Pkt.- 4.4).

---

[103] Vgl.: o. V., Ravensburger Spiele, 1996: S. 8 ff.
[104] Vgl.: o.V., Chipkarten-Test, 1996, o. S.

4.9.2 Das britische Chipkarten-Projekt „MONDEX"

Der britische Pilotversuch mit einer elektronischen Geldbörse wird ebenfalls wie in Deutschland in einer Stadt durchgeführt, die repräsentativ für den Bevölkerungsdurchschnitt ist.

Der Pilotversuch findet in der südwestenglischen Stadt Swindon statt, in der 190.000 Menschen leben.[105] In Swindon gibt es ca. 1.000 Einzelhandelsgeschäfte. Die Stadt gehört zu den wachstumsstärksten Regionen Europas und hat ein Einzugsgebiet von ca. 50 km. Da die Bewohner der Stadt in bezug auf Alter, soziale Schichtung dem britischen Bevölkerungsdurchschnitt entsprechen, es keine geographische Überlappen mit anderen großen Städten gibt, ist Swindon besonders geeignet für die Durchführung des Pilotversuchs.

Gegenwärtig gibt es ca. 10.000 Mondex-Karteninhaber[106]. 70% aller Swindoner Geschäfte, was einer Anzahl von 700 entspricht, nehmen am Pilotversuch teil. 300 Telefone mit Mondex-Anschluß, davon 150 Privatkunden-Telefone, werden während des Versuchs seit Oktober 1995 installiert. 21 Geldautomaten akzeptieren Mondex-Karten; außerdem wurden Parkplatzautomaten, Fahrkartenautomaten in Bussen, Fahrkartenautomaten an Bahnhöfen und Automaten in Kantinen auf Mondex - Karten umgestellt.

Durchgeführt wird der Mondex-Versuch von der National Westminster Bank, der Midland Bank und der BT (British Telecommunications plc).[107]
Mondex ist ebenfalls wie die deutsche GeldKarte eine elektronische Geldbörse. Sie wurde von der National Westminster Bank entwickelt, der zweitgrößten Bank Großbritanniens, um Banknoten und Münzen zu reduzieren oder gar abzuschaffen.

Mondex wurde allerdings nicht nur für den britischen Verbraucher entwickelt, sondern mit Mondex beabsichtigt die National Westminster Bank einen weltweiten Standard für electronic-cash schaffen.

---

[105] Vgl.: o. V., Briten, 1995: o. S.
[106] Vgl.: o. V., Mondex statistics, 1996: o. S., (aus dem Englischen übersetzt)
[107] Vgl.: o. V., Mondex on course, 1996: o. S. (aus dem Englischen übersetzt)

Mondex basiert auf der Smartcard-Technologie. Ziel ist, beim Bargeld die Banknoten und Münzen abzulösen, aber gleichzeitig mehr Flexibilität, Kontrolle, Sicherheit und Bequemlichkeit zu erreichen.

Ca. 60 - 90 Prozent aller Transaktionen sollen mit Hilfe der Mondex-Karte durchgeführt werden können.

Kinder, Jugendliche und Erwachsene werden mit der Mondex-Karte eine neue Generation von Video-Filmen und Videospielen sehen können. Diese Filme heißen Video-on-Demand und können über die Telefonleitung abgerufen werden. Der Mondex-Kunde braucht sich dabei über eine Erhöhung seiner Telefonrechnung keine Gedanken zu machen, da die Gebühren direkt von der Karte abgebucht werden.

Außerdem können mit Mondex Waren und Dienstleistungen über Internet beglichen werden.[108]

An folgenden Geräten können mit Mondex Transaktionen durchgeführt werden:

- Geldautomaten
- Telefone, privat oder öffentlich
- Kassen-Terminals
- Mondex-Brieftaschen

Die Mondex-Karte kann an Geldautomaten, Bankschaltern und öffentlichen Telefonen mit dem Mondex-Zeichen direkt mit „Bargeld" aufgefüllt werden. Es werden Telefone mit Mondex-Anschlüssen verkauft, so daß Transaktionen auch von zu Hause oder im Büro getätigt werden können.

Anders als auf der deutschen GeldKarte können auf der Mondex-Karte bis zu fünf verschiedene Währungen gespeichert werden. Außerdem können mit Mondex-Telefonen Zahlungen von Person zu Person weltweit vorgenommen werden.

Weiterhin können Zahlungen von Person zu Person mit der Mondex-Brieftasche vorgenommen werden, wobei Bargeld zwischen den betreffenden Personen „überwiesen" werden kann.

---

[108] Vgl.: o. V., Mondex Information, o. J., o. S. (aus dem Englischen übersetzt)

Dem Ziel, Bargeld zu ersetzen, kommt Mondex damit näher als jede andere vorhandene elektronische Geldbörse.

Die Mondex-Brieftasche kommt vom äußeren Erscheinungsbild einem Taschenrechner sehr nahe.

Folgende Funktionen können von ihr durchgeführt werden:

- Überweisung von „Bargeld" von Person zu Person

- Anzeige des aktuellen Saldos
  Bei Speicherung von mehreren Währungen werden die Salden aller Währungen angezeigt.

- Anzeige der letzten zehn Vorgänge
  Es wird der Wert, die Währung, die Person, an die bezahlt wurde und das Datum angezeigt.

- Kartenschloß
  Die eingeschobene Karte kann durch Eingabe eines vierstelligen Codes gesperrt werden, bis derselbe Code wieder eingegeben wird. Diese Funktion kann auch an Mondex-Telefonen durchgeführt werden.[109]

Die bisherigen Ergebnisse des Mondex Pilotversuchs scheinen die positiven Erwartungen zu bestätigen.

21 Prozent der Bankkunden der teilnehmenden Banken sind Mondex - Karteninhaber, was auf ganz Großbritannien hochgerechnet 2,5 Millionen Karteninhabern entsprechen würde.

Der Pilotversuch hat auch weitere Ergebnisse gezeigt, die auf das alltägliche Benutzerverhalten der Karteninhaber schließen lassen.

---

[109] Vgl.: o. V., weltweite Alternative, 1995: S. 40 f.

So liegt der durchschnittliche Betrag, der auf die Karten geladen wird zwischen 25 und 30 britischen Pfund.

Die Mondex Karte wird für das Bezahlen kleinerer Beträge, Dinge des alltäglichen Lebens sowie für höherwertige Einkäufe benutzt. Die meisten Einkäufe, bei denen die Mondex-Karte benutzt wird, liegen bei ca. 5 Pfund. Am häufigsten wird die Karte zum Bezahlen von Zeitungen, fast food, Süßwaren, Busfahrten und Parkplatz-Tickets benutzt. Die höheren Beträge werden meistens in Supermärkten, gefolgt von Kaufhäusern und Tankstellen, mit der Mondex-Karte beglichen.

Eine Untersuchung unter Mondex-Karteninhabern hat gezeigt, daß Mondex beginnt, ein Teil des täglichen Lebens zu werden. Bei Zeitungshändlern z. B. war früher Bargeld das bevorzugte Zahlungsmittel. 98% aller Zahlungen wurden mit Bargeld beglichen. Inzwischen ist die Mondex-Karte zum bevorzugten Zahlungsmittel geworden, denn 66% aller Zahlungen beim Zeitungshändler werden inzwischen mit der Mondex - Karte beglichen.

Weiterhin zeigen die Versuchsergebnisse, daß Mondex von allen sozio-ökonomischen und allen Altersgruppen akzeptiert wird.

Die Karteninhaber wurden außerdem befragt, wie zufrieden sie mit Mondex sind.

85% der Karteninhaber sind zufrieden oder sehr zufrieden mit Mondex und 77% sind der Meinung, daß Mondex sicherer als Bargeld sei.

90% finden, daß es sehr einfach ist, Mondex zu benutzen und 76% finden, daß Mondex ein extrem schneller Weg zum Bezahlen ist.

Weiterhin wurden die Karteninhaber befragt, welche Vorzüge Mondex ihnen bringen würde. Darauf antworteten 80%, daß der hauptsächliche Vorzug des Systems in der Möglichkeit des exakten Bezahlens liege und darin, daß es nicht notwendig sei, die Karte zu authorisieren.[110]

Außer in Ravensburg und in Swindon haben in 30 anderen Ländern Pilotversuche mit der elektronischen Geldbörse begonnen. Besonders weit fortgeschritten ist die Einführung der elektronischen Geldbörse in Österreich, Belgien und England (s. o.). In Österreich haben bereits alle 2,5 Millionen eurocheque-Karten einen Chip. In Belgien soll 1996 das Modell „Proton" landesweit eingeführt werden.[111]

4.10 Entwicklungstendenzen

Durch die vielen unterschiedlichen Projekte besteht die Gefahr, daß die verschiedenen elektronischen Geldbörsen nur räumlich begrenzt eingesetzt werden. Deswegen arbeiten internationale Bankenverbände und Kreditkartenorganisationen an einem globalen Standard.

In den nächsten Jahren wollen die großen internationalen Zahlungssystemanbieter die neuen Möglichkeiten der Chipkarte mit den vielfältigen Möglichkeiten verknüpfen, die das Internet bietet.
Mastercard und Europay sehen die elektronische Geldbörse als das ideale Instrument an, um die noch nicht einmal ansatzweise ausgeschöpften Möglichkeiten des Internet für kommerzielle Zwecke nutzbar zu machen. Voraussetzung dafür ist die Verbesserung der Anwenderfreundlichkeit und vor allem der Datensicherheit beim bargeldlosen Einkauf via Computer (Cyber-Shopping).

In Zukunft wird das Internet-Shopping eine große Bedeutung erlangen. Die Daten der Kreditkarten werden zukünftig nicht mehr über die Tastatur übermittelt, sondern über den integrierten Kartenchip. Der dazu erforderliche Kartenleser wird an den Computer angeschlossen.
Es wird nicht mehr der Besitz der eigenen Hard- oder Software , sondern der Besitz einer vorausbezahlten Chipkarte die primäre Voraussetzung für die Nutzung der kommerziellen Internet-Möglichkeiten sein.

---

[110] Vgl.: o. V., Mondex on course, 1996: o. S. (aus dem Englischen übersetzt)
[111] Vgl.: Salzbrunn, C., elektronische Geldbörse, 1996: S. 34

Die elektronische Geldbörse ist das ideale Instrument zur Anbindung an das Internet, da sie für kleinvolumige Zahlungsvorgänge gedacht ist, um die es hier in der Regel geht. [112] Die Chipkarte wird auch den Einsatz von Smart-Telefonen an Bedeutung gewinnen, denn von diesen Telefonen können die Kunden ebenfalls ihre Standardbankgeschäfte abwickeln.

Die Chipkarte ermöglicht den Kunden einige Zusatzmöglichkeiten: Datenbank-, Kalender- und Telefonbuchfunktionen sowie spezifische Kundendaten und Kundenanwendungen. Die zukünftige Entwicklung wird durch neue und schnelle Anwendungen, die Nutzung des ISDN-Netzes, aber auch durch die Markteinführungsstrategien beeinflußt werden. [113]

5 Zusammenfassung und Ausblick

Die deutsche Kreditwirtschaft befindet sich in einem tiefgreifenden Veränderungsprozeß. Es gibt zwei widersprüchlich erscheinende Herausforderungen: Die Kundenorientierung soll gesteigert, gleichzeitig aber die Kosten der Vertriebsseite reduziert werden. Dadurch sind die deutschen Kreditinstitute gezwungen, ihre Wettbewerbsfähigkeit und ihre Kundenorientierung zu überdenken. Aus diesem Grund ist die zentrale Aufgabe der kommenden Jahre die Neugestaltung und Optimierung der Kommunikationsbeziehung Kunde-Kreditinstitut.

Die deutschen Privatkunden emanzipieren sich. Der Kunde erwartet zunehmend ertragsstarke Produkte und eine verbesserte Beratung und Betreuung. Künftig werden die Privatkunden über ein ausgeprägtes Preis- und Qualitätsbewußtsein verfügen. Sie werden von ihrem Kreditinstitut nicht nur einen verbesserten Service, sondern auch eine aktive, ganzheitliche und problemorientierte Kundenbetreuung erwarten.

---

[112] Vgl.: o. V., Kartenindustrie, 1996: S. 15
[113] Vgl.: Iannace, G., Die neue Rolle, 1995: S. 346

Daher kann man für das Electronic-Banking eine Entwicklung vom reinen Automatisierungsinstrument zu einem aktiven Kommunikationsweg zwischen Kreditinstitut und Kunde erwarten.

Durch die neuen Formen des Bank-Kunden-Kontaktes, die die elektronischen Vertiebswege ermöglichen, wird die Rolle der Bankfilialen neu definiert, da sie teilweise überflüssig werden und ihre Bedeutung für die Wettbewerbsposition eines Kreditinstituts sinken wird. Dies ermöglicht neue Chancen für Kreditinstitute, die einen Mangel an Filialen zu verzeichnen haben, da ihnen durch die neuen Online-Dienste der Aufbau eines eigenständigen und kostengünstigen Vertriebsnetzes ermöglicht wird. Dadurch haben diese Kreditinstitute in Zukunft die Möglichkeit, in direkte Konkurrenz mit den Filialkreditinstituten zu treten.

Der Bereich Homebanking wird durch die technologischen Entwicklungen im Bereich Multimedia und Telekommunikation und eine gesteigerte Technikakzeptanz und -ausstattung der Privathaushalte mittelfristig an Bedeutung gewinnen.

Electronic-Banking wird in Zukunft immer mehr durch das Internet beherrscht werden, da es für den Kunden, aber auch für die Kreditinstitute fast ausschließlich Vorteile beinhaltet. Für den elektronischen Zahlungsverkehr wird die Bedeutung des Internet in absehbarer Zeit zunehmen, da der bisher noch nicht ausreichende Sicherheitsgrad verbessert werden wird. Inzwischen ist der elektronische Zahlungsverkehr über Internet auch in Deutschland möglich (Sparda Bank Hamburg), andere Kreditinstitute werden diesem Beispiel sicher folgen.

Eine Steigerung der Benutzerzahlen im Internet und dadurch eine Steigerung der Bedeutung des Internet ist durch die Liberalisierung der Telekommunikationsmärkte und die darauf zu erwartende Senkung der Telekommunikationskosten sowie die Kapazitätserhöhung der Leitungen anzunehmen.

Außerdem wird die Bedeutung anwachsen, da die Banken ihre potentiellen Kunden, nämlich die Internet-Nutzer, zu relativ geringen Kosten erreichen können.

Daß die Banken diese Entwicklung erkannt haben zeigt auch die durchgeführte Befragung.

Denn alle antwortenden Kreditinstitute planen, sich im Internet zu engagieren. Die Mehrheit der befragten Kreditinstitute hat erkannt, daß das Internet für den Vertrieb von Finanzdienstleistungsprodukten ideal nutzbar ist. Außerdem geht etwa die Hälfte der befragten Kreditinstitute davon aus, daß sie mit Hilfe des Internet ihre Marktposition ausbauen können, was auch darauf hindeutet, daß die Kreditinstitute mit einer anwachsenden Bedeutung des Internet rechnen. Dreiviertel der befragten Kreditinstitute betrachten das Internet als sehr wichtig, bzw. wichtig für die Kundenbindung, was sich mit der Entwicklung in den USA deckt, wo die Ausstattung der privaten Haushalte schon sehr viel weiter vorangeschritten ist als in Deutschland und wo bereits mehr Bankdienstleistungen über den PC abgewickelt werden. Daß in Deutschland eine ähnliche Entwicklung stattfinden wird, darauf deutet das Ergebnis der Frage 12 des Fragebogens hin. Die Hälfte der befragten Kreditinstitute will den Zahlungsverkehr über Internet durchführen und nur ein geringer Teil lehnt den Zahlungsverkehr innerhalb des Internet ab.

Im Bereich der elektronischen Geldbörse besteht durch die vielen unterschiedlichen Projekte die Gefahr, daß die verschiedenen elektronischen Geldbörsen nur räumlich begrenzt eingesetzt werden. Es wird von internationalen Bankenverbänden und Kreditkartenorganisationen an einem globalen Standard gearbeitet.

In den nächsten Jahren wollen die großen internationalen Zahlungssystemanbieter die neuen Möglichkeiten der Chipkarte mit den vielfältigen Möglichkeiten, die das Internet bietet, verknüpfen. Außerdem wird die Chipkarte in Zukunft durch das Internet-Shopping eine große Bedeutung erlangen. Die Daten der Kreditkarten werden zukünftig nicht mehr über die Tastatur übermittelt, sondern über den integrierten Kartenchip. Der dazu erforderliche Kartenleser wird an den Computer angeschlossen.

Die Chipkarte wird auch für den Einsatz von Smart-Telefonen an Bedeutung gewinnen, denn von diesen Telefonen können die Kunden ebenfalls ihre Standardbankgeschäfte abwickeln.

Ambros, Hans. "Virtual Reality - eine Herausforderung für die Sparkassen". Sparkasse. 3 (1996) : 101-106.

Bartmann, Dieter. „Home Banking: Künftige Relevanz aus Sicht der Kreditinstitute". Electronic-Banking im Vertrieb. Hg. Ploenzke. Wiesbaden: Gabler 1995 : 83-96.

Bartmann, Dieter. „Regionalität auch ein Trumpf im Internet". Betriebswirtschaftliche Blätter. 3 (1996) : 111.

Bartmann, Dieter. " Auswirkungen der elektronischen Medien auf den Vertrieb von Bankdienstleistungen". Reprint-Report Nr. CCM 502. Hg. Institut für Bankdienstleistungen an der Universität Regensburg. O. J., o. S.

Berger-Müller, Hilde. „Chipkarten Cui bono?". Diebold Management Report. 5 (1995) : 7-12.

Berndt, Holger. "Elektronisches Geld - Geld der Zukunft?". Sparkasse. 8 (1995) : 369-372.

Berndt, Holger. " Die GeldKarte in der Strategie des deutschen Kreditgewerbes". Frankfurter Allgemeine Zeitung. (26. Okt. 1995)

Birkelbach, Jörg. „Aktuelle Kursnotierungen für Anleger". Handelsblatt. (20. Mai 1996) : 40.

Birkelbach, Jörg. „Bankgeschäfte im virtuellen Bankhaus". Geldinstitute. 1/2 (1995): 46-51.

Birkelbach, Jörg. „Cyber Finance". Geldinstitute. 34 (1996) : 24-33

Birkelbach, Jörg. „Homebanking, Geschäfte mit der virtuellen Bank". Bank-Magazin. 3 (1995): 52-61.

Birkelbach, Jörg.   „Internet: Der neue Handelsplatz für Banken?".
Bank Magazin. 3 (1996) : 53-57.

Birkelbach, Jörg.   „Jenseits von Raum und Zeit". Geldinstitute.
9 (1995) : 18 - 26.

Birkelbach, Jörg.   "Kurs auf Hausse". c't. 2 (1996) : 118-124.

Böhmer, Sylvia.   "Electronic Banking, Telebanking, Homebanking -
Wie Sie den Bankschalter nach Hause verlegen,
Teil 1". Assistenz. 4 (1994) : 21-23.

Böhmer, Sylvia.   "Electronic Banking, Telebanking, Homebanking -
Wie Sie den Bankschalter nach Hause verlegen,
Teil 2". Assistenz. 5 (1994) : 36-38.

Böhmer, Sylvia und Martin Der PC und Ihr Geld. Korschenbroich. 1994
Böhmer.

Borchers, Detlef.   „Pfennigbeträge". Gateway. 9 (1995) : 30-39.

Borchert, Manfred.   „Cyber-Money - eine neue Währung?".
Sparkasse. 1 (1996) : 41-43.

Braatz, Frank.   „Vorsicht bei Kreditkartenzahlungen im Internet".
Handelsblatt. (05. Feb. 1996): 20.

Brunner, Werner.   „Das SB-Konzept der Stadtsparkasse München".
Electronic-Banking im Vertrieb. Hg. Ploenzke.
Wiesbaden: Gabler 1995 : 61-79

Bundesverband der   Telekommunikation und Bankgeschäft:
Deutschen Volksbanken   Auswirkungen auf die genossenschaftliche
und Raiffeisenbanken   Bankengruppe. O. J., o. S.
e.V., Hg.

Buschkühl, Michael. Zahlungsverkehr III. Bonn für vbb Frankfurt. O. J., o. S.

Chaouli, Michel und Dieter Dürand. „Ums letzte Hemd". WirtschaftsWoche. 50 (1994) : 106-108.

Cimiotti, Gerd. "Chips: Verändern die kleinen Riesen die Kartenwelt?". Bankinformation und Genossenschaftsforum. 3(1995) : 62-65.

Dürand, Dieter und Ruth Henke. „Spaß im Foyer". WirtschaftsWoche. 50 (1994) : 108-114.

Esser, Rolf. „Plastikkarte steht hoch im Kurs". Banking & Finance. 5/6 (1993) : 32-35.

Fleischer, Klaus. „Vision oder Realität?". Creditreform, das Unternehmermagazin. 6 (1996) : 26-27.

Fuhrberg, Kai. „Sicherheit im Internet". Der Weg zur sicheren Informationstechnik - ausgewählte Beispiele. Hg. Bundesamt für Sicherheit in der Informationstechnik.. Bonn, 1996 : 1-20

Gaal, Winfried. „Was macht eine gute Chipkarte aus?". Kartentechnik. (Feb. 1994) : 10-15.

Gerard, Peter. Die Virtuelle Bank - Herausforderung der Zukunft. Deutsche Bank. 1995

Glade, Albert. „Start frei für die GeldKarte". Bank Magazin. 3 (1996) : 9-13.

Grünberger, Karl. "Alles auf die Chipkarte". Geldinstitute. 12 (1994) : 46-49.

Haniel, Franz.   „Chipkarten mit Geldbörsenfunktion". Frankfurter
                             Allgemeine Zeitung. (28.11.1995) : B4.

Heitmüller, Hans-Michael. „Die Bedeutung der Technik im künftigen
                             Vertriebssystem der Sparkassenorganisation".
                             Kreditwesen. 9 (1995) : 43.

Hies, Michael.   "Banken und Multimedia: schrittweise
                             Annäherung". bank und markt. (März 1996) :
                             25-28.

Hünerberg, Reinhard.   Multi - Media und Marketing. Hg. Gilbert Heise.
                             Wiesbaden, 1995.

Iannace, Giorgio.   „Die neue Rolle des Bereichs „elektronischer
                             Vertreib" im Privatkundenbereich und künftige
                             Entwicklungsszenarien". Electronic-Banking im
                             Vertrieb. Hg. Ploenzke. (1995) : 333-352.

Jejina, Igor.   "Der Chipkarte gehört die Zukunft".
                             Betriebswirtschaftliche Blätter. 1.(1994) : 12-14.

Jekel, Nicole.   „Automatische Systeme setzen sich durch".
                             Betriebswirtschaftliche Blätter. 43 (1994) :
                             530-532.

Kaffenberger, Thilo.   „Neue Chancen durch technische
                             Vertriebswege". Betriebswirtschaftliche Blätter. 3
                             (1996) : 128-129.

**Klein, Stephan und   "Elektronische Geldbörse auf dem Vormarsch".
Herbert Kubicec.**   Bank Magazin. 4 (1995) : 34-39.

Klemm, Lothar.   „Ein dynamischer Innovationsprozeß verändert
                             das Bankengeschäft". Sparkasse. 6 (1996) :
                             268-270.

Konert, Bertram.
Sozio-ökonomische Aspekte des Electronic-Banking in der Bundesrepublik Deutschland. Deutsche Hochschulschriften 481. Diss. Egelsbach u. a. : Dr. Markus Hänsel-Hohenhausen, 1993.

Krauße, Holger.
Rundschreiben Nr. 230 der Sparkassen und Giroverbände und Landesbanken/Girozentralen. (Aug. 1995) : 2 - 5.

Krauße, Holger.
„Systemüberblick". Anhang. Rundschreiben Nr. 230 der Sparkassen und Giroverbände und Landesbanken/Girozentralen. (Aug. 1995) : 2 - 20

Kruse, Dietrich.
"Die elektronische Geldbörse". Geldinstitute. 12 (1993) : 58-61.

Mahler, Alwin.
Telekommunikationsdienste im Bankensektor. Bad Honnef, 1994.

Macho, Robert, Kurt Pater und Markus Seyffertitz.
Der Zahlungsverkehrsmanager. Wien, 1994.

Martin, Andreas.
"Die Auswirkungen des Chips auf die Zahlungssysteme der Kreditwirtschaft". Karten. 1 (1996) : 32-36.

Meffert, Heribert.
Marketingforschung und Käuferverhalten. 2., verb. Aufl. Wiesbaden: Gabler, 1992.

Müller-Scholz, Wolfgang und Tim Cole.
„Computergeld". Capital. 9 (1995) : o. S.

O.V.
„Attacke aus dem Netz". Managermagazin. (April 1996) : 58.

o.V. „Bank 24". Informationsbroschüre der Bank 24. Sept. 1995

o.V. „Banken im Umbruch". Manager Magazin. (April 1996) : 48-57.

o.V. „Briten testen elektronische Geldbörse". Börsen-Zeitung. (05.07.1995) : o. S.

o.V. „Chipkarten-Test stößt auf unterschiedliche Resonanz." Handelsblatt. (28. 08. 1996) : o. S.

o.V. „Die Chipkarte der deutschen Kreditwirtschaft - Start in Ravensburg/Weingarten". Vortrag. 10.08.1995

o.V. "Chips sind Trumpf". Cogito. 3 (1994) : 44-45.

o.V. „Cybergeld in der Kasse". Der Spiegel. 30 (1996) : 138-140.

o.V. „Cybergeld in der Kasse". Der Spiegel. 30 (1996) : 138-140.

o.V. „Für jeden Geschmack ist etwas dabei". WirtschaftsKurier. (Feb. 1996) : 7.

o.V. "Handy mit Schlitz". Der Spiegel. 9 (1996) : 112-114.

o.V. "Holen Sie sich Ihre Sparkasse ins Haus". Informationsbroschüre der Sparkassen. (1996).

o.V. "Die Lunte brennt". Der Spiegel. 47 (1994) : 62-79.

O.V.   „Homebanking bekommt Konturen". Banken und
                                  Versicherungen. 1 (1996) : 26-27.

O.V.   „Die Kartenindustrie klinkt sich ins Internet ein".
                                  Börsen-Zeitung. (13.09.1996) : 15.

O.V.   „Mondex, die weltweite Alternative zum Bargeld".
                                  Geldinstitute. 9 (1995) : 40-41.

O. V.   Mondex on course for 2.5 Million customers.
                                  (Mai 1996) : o. S.

O.V.   Mondex statistics. (06. 03. 1996) : o. S.

O.V.   "Die Kreissparkasse Köln im Internet".
                                  bank und markt. 3 (1996) : 20-22.

O.V.   „Der neue Standard HBCI ermöglicht viele neue
                                  Bankgeschäfte am PC". Handelsblatt. (28. 08.
                                  1996): o. S.

O.V.   Pressemitteilung der Sparda Bank Hamburg.
                                  (1996) : O. J., o. S.

O.V.   "Ravensburger Spiele - ein Kommentar". Karten.
                                  1 (1996) : 8-11.

O.V.   „Sicheres Home-banking". Horizont.
                                  (07. Juni 1996) : o. S.

Poeschke, Harald und   „Telefonbanking als strategisches Produkt". Die
Johannes Bußmann.   Bank. 1 (1995) : 30-33.

Reimann, Eckhard.   „Kundenbindung in der virtuellen Bankfiliale".
                                  Bank und Markt. 3 (1996) : 29-32.

Rodewald, Bernd.   "Zahlungsverkehr in der Schrittmacherrolle".
                              Börsen-Zeitung. (5. Nov. 1994) : 17.

Rodewald, Bernd .   "Neue Entwicklungen im Kartengeschäft".
                              Bankinformation und Genossenschaftsforum.
                              2 (1995) : 2-8.

Röder, Walter.   "electronic cash vom Handel gewünscht".
                              Betriebswirtschaftliche Blätter. 4 (1993) :
                              170-174.

Salzbrunn, Christian.   „Die elektronische Geldbörse". Commerzbank
                              Journal. 3 (1996) : 32 - 34.

Schürmann, Pascal.   "Online mit der Bank". Unternehmer Magazin.
                              5 (1995) : 14-16.

Sieweck, Jörg.   „Mehr Banken als Apotheken". Hannoversche
                              Zeitung. (27. März 1996) : o. S.

Styppa, Robert und Klaus „Deutsche Kreditinstitute im WWW".
Herold.   Betriebswirtschaftliche Blätter. 4 (1996) :
                              186-188.

Vahrenkamp, Richard.   Sonderdruck dv Management. 2 (1996)

Verwey, Helmut und   "Kritische Betrachtung des Electronic Banking".
Markus Lellmann.   Bankinformation und Genossenschaftsforum.
                              3 (1995) : 55-57.

Volksbanken   „Homebanking per PC". gelbe Beilage.
Raiffeisenbanken, Hg.   (Mai/Juni 1996) : o. S.

Waschkowski, Hans.   „SB-Terminals: Künftige Relevanz aus Sicht der
                              Kreditnstitute". Electronic-Banking im Vertrieb.
                              Hg. Ploenzke. (1995) : 19-47.

Wendelin-Münchow,   „Ausgefeilte Sicherheitstechnik schützt vor
Dorothea.   Mißbrauch". Handelsblatt. (11. Okt. 1995)

Wings, Heinz.   „Internet Banking: Time to market". Geldinstitute.
                              3 (1996) : 20-23.

Wittkowski, Bernd.   "Banken und Sparkassen stimmen das Volk der
                              Barzahler auf eine Revolution ein". Frankfurter
                              Rundschau. (25. Nov. 1995) : 11.

Zimmermann, Hans-Dieter   „Grundlegende Konzepte einer Electronic Mall",
und Christoph Kuhn.   S. 33-91.

Anhang

Adresse

Sehr geehrte Damen und Herren,

mein Lehrstuhl führt ein empirisches Projekt zur Bedeutung des Electronic Banking und insbesondere des Internet Banking für Privatkunden durch. Hierzu haben wir eine Befragung bei verschiedenen Kreditinstituten vorgesehen. Das Ziel der Befragung besteht darin zu untersuchen, inwieweit das Internet als Vertriebsmedium für die Bankdienstleistungen von deutschen Kreditinstituten eingesetzt werden soll. Auch interessieren uns die von Ihnen vorgesehenen Sicherheitsmechanismen.

Beiliegend haben wir einen Fragebogen für Sie erarbeitet und würden uns freuen, wenn Sie uns Ihre Erfahrungen und Erwartungen auf dem Gebiet des Electronic Banking auf diesem Wege mitteilen könnten.

Nach Auswertung und Zusammenstellung der Ergebnisse werden wir Ihnen einen Ergebnisbericht zu diesem Thema zuleiten.

Mein Mitarbeiter, Herr Thilo Seck, betreut die Fragebogenaktion und steht Ihnen unter der Telefonnummer 0561-104656 bei Rückfragen jederzeit zur Verfügung.

Mit dem besten Dank für Ihre Kooperationsbereitschaft verbleibe ich

mit freundlichen Grüßen

(Vahrenkamp)

Fragebogen für Banken und Sparkassen

Electronic-Banking für Privatkunden

(Bitte zurücksenden an Prof. Dr. R. Vahrenkamp, Universität Kassel, Fachbereich
Wirtschaftswissenschaften, 34109 Kassel)

I. Allgemeine Angaben

1. Name Ihres Kreditinstituts: _____

2. Wieviel Angestellte beschäftigen Sie in Ihrem Kreditinstitut ?

    in Deutschland insgesamt?   _____

    weltweit?   _____

3. Wieviel Filialen hat Ihr Kreditinstitut in Deutschland?   _____

4. Wie hoch ist die Bilanzsumme Ihres Kreditinstituts?   _____

II. Angaben zum derzeitigen Stand des Electronic-Banking

5. Werden in Ihrem Kreditinstitut Dienstleistungs-   ☐ ja
   produkte über elektronische Kommunikationskanäle   ☐ nein
   vertrieben?

6. Um welche Kommunikationskanäle handelt   ☐   Telefon
   es sich ?   ☐   T-Online
                                                   ☐   Internet
                                                   ☐   andere: _____

7. Welche Art von Informationen   ☐ Kontoführung
   wird schon heute von Ihrem Kredit-   ☐ Geldanlage
   institut über Internet vermittelt?   ☐ Kreditangebote
                                          ☐ Wertpapierangebote
                                          ☐ Investmentfondsangebote
                                          ☐ Kursentwicklungen an den
                                          ☐ Börsenplätzen
                                          ☐ Realtime-Informationen
                                          ☐ politische Informationen
                                          ☐ wirtschaftliche Informationen
                                          ☐ Zeitgeschichte
                                          ☐ andere: _____

8. Sollte Ihr Kreditinstitut bisher noch ☐ innerhalb 1996
   nicht über Internet erreichbar sein,   ☐ 1997
   ab wann wird es sich im Internet   ☐ nach 1997
   engagieren?   ☐ überhaupt nicht

III. Angaben zur zukünftigen Entwicklung des Internet

9. In welcher Form werden die Möglichkeiten, die das Internet beinhaltet, bis zum
   Jahr 2000 von Ihrem Kreditinstitut eingesetzt werden?

   für: ☐ Beratungsleistungen
                                          ☐ Anlagegeschäft
                                          ☐ Kreditanlagegeschäft
                                          ☐ Wertpapier- und Investmentfonds-
                                             geschäft
                                          ☐ Devisengeschäft
                                          ☐ virtuelle Bankfiliale
                                          ☐ E-Mail zu den Kunden
                                          ☐ andere: _____

10. Wie werden sich die technischen Möglichkeiten des Internet auf die Zukunft
    Ihres Kreditinstituts auswirken?

    ☐ als Chance, effizienter
      beraten zu können
    ☐ als Möglichkeit, die gegenwärtige
      Marktposition ausbauen zu können
    ☐ als Gefährdung der gegenwärtigen
      Marktposition
    ☐ als Verbesserung von
      kundenorientierten Dienstleistungen
    ☐ andere: _____

11. Wie wichtig wird das Internet in Zukunft für die Bindung der Kunden an Ihr
    Kreditinstitut sein?

    ☐ sehr wichtig
    ☐ wichtig
    ☐ weniger wichtig
    ☐ unwichtig

IV. Angaben zur Abwicklung des Zahlungsverkehrs im Internet

12. Wird es in Ihrem Kreditinstitut   ☐ ja
    bis zum Ende des Jahres 1997   ☐ nein
    die Möglichkeit geben, auch über
    das Internet den Zahlungsverkehr
    abzuwickeln?

13. Wie wird sich das Online-Banking im Internet in Zukunft auf die Filialstruktur
    Ihres Kreditinstituts auswirken?

    ☐ keine Auswirkungen
    ☐ Schließung von Filialen
    ☐ Notwendigkeit der Umstrukturierung
      der bisherigen Filialstruktur
    ☐ andere:_____

14. Welche Sicherheitsmechanis-   ☐ Digitale Unterschrift
    men wird Ihr Kreditinstitut einführen, ☐ Teilnehmerauthentifikation
    um den Zahlungsverkehr   ☐ Integritätsmechanismen
    innerhalb des Internet vor   ☐ Trust Center
    Mißbrauch zu schützen?   ☐ Private-Key-Verfahren
                                      ☐ Public-Key-Verfahren
                                      ☐ andere:_____

Diplom.de

Wissensquellen gewinnbringend nutzen

Qualität, Praxisrelevanz und Aktualität zeichnen unsere Studien aus. Wir bieten Ihnen im Auftrag unserer Autorinnen und Autoren Wirtschaftsstudien und wissenschaftliche Abschlussarbeiten – Dissertationen, Diplomarbeiten, Magisterarbeiten, Staatsexamensarbeiten und Studienarbeiten zum Kauf. Sie wurden an deutschen Universitäten, Fachhochschulen, Akademien oder vergleichbaren Institutionen der Europäischen Union geschrieben. Der Notendurchschnitt liegt bei 1,5.

Wettbewerbsvorteile verschaffen – Vergleichen Sie den Preis unserer Studien mit den Honoraren externer Berater. Um dieses Wissen selbst zusammenzutragen, müssten Sie viel Zeit und Geld aufbringen.

http://www.diplom.de bietet Ihnen unser vollständiges Lieferprogramm mit mehreren tausend Studien im Internet. Neben dem Online-Katalog und der Online-Suchmaschine für Ihre Recherche steht Ihnen auch eine Online-Bestellfunktion zur Verfügung. Inhaltliche Zusammenfassungen und Inhaltsverzeichnisse zu jeder Studie sind im Internet einsehbar.

Individueller Service – Gerne senden wir Ihnen auch unseren Papierkatalog zu. Bitte fordern Sie Ihr individuelles Exemplar bei uns an. Für Fragen, Anregungen und individuelle Anfragen stehen wir Ihnen gerne zur Verfügung. Wir freuen uns auf eine gute Zusammenarbeit.

Ihr Team der Diplomarbeiten Agentur

Diplomica GmbH
Hermannstal 119k
22119 Hamburg

Fon: 040 / 655 99 20
Fax: 040 / 655 99 222

agentur@diplom.de
www.diplom.de